中国旅游发展年度报告书系

Annual Development Report of China's Tourism

中国入境旅游发展年度报告 2022

ANNUAL REPORT OF CHINA INBOUND TOURISM DEVELOPMENT 2022

中国旅游研究院　著

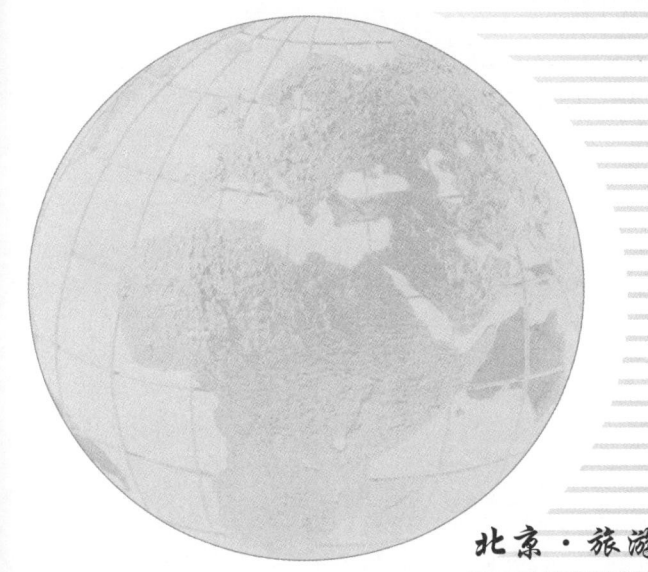

北京·旅游教育出版社

图书在版编目（CIP）数据

中国入境旅游发展年度报告. 2022 / 中国旅游研究院著. -- 北京：旅游教育出版社，2022.12
　　ISBN 978-7-5637-4500-5

Ⅰ. ①中… Ⅱ. ①中… Ⅲ. ①旅游客源－研究报告－中国－2022 Ⅳ. ①F592.6

中国版本图书馆CIP数据核字(2022)第229459号

中国入境旅游发展年度报告2022
中国旅游研究院　著

责任编辑	郭珍宏
出版单位	旅游教育出版社
地　　址	北京市朝阳区定福庄南里1号
邮　　编	100024
发行电话	（010）65778403　65728372　65767462（传真）
本社网址	www.tepcb.com
E - mail	tepfx@163.com
排版单位	北京旅教文化传播有限公司
印刷单位	北京中科印刷有限公司
经销单位	新华书店
开　　本	787毫米×1092毫米　1/16
印　　张	5
字　　数	59千字
版　　次	2022年12月第1版
印　　次	2022年12月第1次印刷
定　　价	55.00元

（图书如有装订差错请与发行部联系）

《中国入境旅游发展年度报告 2022》编委会

主　任　戴　斌
副主任　李仲广　唐晓云
编　委（按姓氏音序排名）
　　　　戴　斌　何琼峰　李仲广　马仪亮　宋子千
　　　　唐晓云　吴丰林　吴　普　杨宏浩　杨劲松

《中国入境旅游发展年度报告 2022》编写组

主　编
　　　　戴　斌　中国旅游研究院院长、教授、博士
执行主编
　　　　刘祥艳　中国旅游研究院国际研究所（港澳台研究所）博士
成　员
　　　　席宇斌（上海商学院副教授）
　　　　刘倩倩（山东师范大学讲师）
　　　　杨劲松　李隆辉　张　杨　赵一静　张佳仪
　　　　彭雪雯

序　言
PREFACE

中国入出境旅游复苏的进程研判与政策展望

过去三年的国际和港澳学术交流中，我被问到最多的问题就是"中国（内地）的出境旅游什么时候可以放开"，曾经不止一位大使和旅游官员愿意出一百万元获得确切的答案。当然，这是句玩笑话，不过确实反映了世界各国各地区对中国市场的重视，对世界旅游业复苏、振兴与可持续发展的期待。

一、秉持更加开放的区域主义，以商务旅行带动国际旅游的韧性复苏

习近平主席在中国—东盟建立对话关系30周年纪念峰会发表主旨演讲，指出双方关系发展最重要的经验之一就是"包容互鉴，共建开放的区域主义"。由东盟发起，2020年11月正式签署并进入建设阶段的《区域全面经济伙伴关系协定》（Regional Comprehensive Economic Partnership，RCEP），作为世界上参与人口最多、成员结构最多元、发展潜力最大的自贸区，在世界各国经济增长普遍放缓的今天，为疫后复苏和地区繁荣带来了新动力，成为扩大旅游交流，深化旅游合作的全新机遇。

2022年6月23日发表的《金砖国家领导人第十四次会晤北京宣言》指出，"我们认识到旅游业复苏的紧迫性和增加游客互访量的重要性，将进一步加强金砖国家绿色旅游联盟工作，采取措施，打造有韧性、可持续、包容的旅游业"。各成员国正在采取有效的措施，包括构建平台、对话交流、政策储备和压力测试，以有效落实元首共识。对此，我们要根据联合国统计署和世界旅游组织的定义，着眼于商务、留学、探亲访友、医疗美容等多种动机的跨国旅行者纳入国际游客的范围，而不是只盯着持旅游签证且由旅行社操作的团队旅游者。按照分阶段、可管控和务实推进的原则，各国应将贸易和投资领域的商务旅行置于国际旅游复苏的优先议题，并最大限度地减少商务人士的跨国（境）旅行的障碍。

经由贸易和投资而来的商务旅行，应当也可以在国际旅游复苏和可持续发展进程中扮演关键角色，发展重要作用。2022年前7个月，中国外贸进出口总额保持了两位数增长，主要贸易伙伴保持相对稳定，东盟仍为第一大贸易伙伴，欧盟、美国、韩国和日本位居前五位。上半年，中国对"一带一路"沿线国家和RCEP贸易伙伴进出口总额分别增长17.8%和5.6%。尽管在部分口岸城市实行了人货分离的政策，但是复苏向上的贸易和投资活动还是带来了商务旅行的刚性需求，并为旅行服务、旅游住宿和商务会展业提供了显而易见的市场机遇。

8月24日，国务院常务会议强调"为商务人员出入境提供便利"。近日，中国驻巴西、马来西亚、墨西哥、泰国、新加坡、印度尼西亚等大使馆相继发布公告，进一步优化外国人来华签证政策：自北京时间2022年8月24日0时起，中国允许持有效APEC商务旅行卡[①]人员、持有效学习类居留许可的外国留学生入境。可以预计，APEC商务旅行卡的一小步，将是中国在贸易和投资领域扩大商务往来的一大步，在不久的将来，中国与东盟、中国与金砖国家、中国与"一带一路"沿

---

① APEC商务旅行卡是亚太经济合作组织各经济体之间的签证便利化措施，持卡人经APEC相关经济体批准后，5年内无须办理该经济体入境签证，每次入境可在有关经济体停留60天至90天不等。

线国家之间的商务旅行将会更加便利，入出境旅游市场也会因此而步入稳步回暖的轨道。

二、提升游客满意度和企业获得感，以国内市场复苏推进国际旅游交流合作

出境旅游是国内旅游市场的延伸，旅游集团和中小微企业是入出境旅游服务水平提升的保障。一个国家和地区的国内旅游市场还没有完全复苏，旅行社、酒店、景区和度假区、高铁和航空公司、餐馆和购物中心也没有恢复常态化经营，签证、移民、海关、口岸、边检等部门还没有做好政策和技术上的准备，就要完全放开入出境管制，理论上不可行，实践上做不到。可行的路径是旅游主管部门和旅游业界在坚决执行政府疫情防控政策，促进国内旅游市场稳步复苏的基础上，坚持与国际同行在多轨对话的进程中逐步形成交流与合作的共识。在不确定的环境中讲好中国的旅游故事，在对话与交流的过程中形成共识：躺平不可取，躺赢不可能，只有"拉手不放手"，才能促进国际旅游市场的韧性复苏和包容性增长。

2020年春节以来，中国政府坚持人民至上、生命至上，坚持外防输入、内防反弹、动态清零的疫情防控总方针，统筹推进旅游复工复业和助企纾困工作。从暂退旅行社质量保证金，到恢复省内、国内旅游组团接待和"机票+酒店"业务；从"跨省游熔断机制"精准到县级行政区域，到旅游景区和度假区实施限流、预约、错峰制度；从降息贴息、债务展期、减免租金、发放消费券等投资、财政和金融政策，到缓交有关税费的人力资源和社会保障政策，中央和地方政府对旅行服务、旅游住宿、旅游景区和度假区采取一系列适应中国国情的助企纾困措施，为旅游企业度过萧条期提供了有力的政策支持。与此同时，政府和教育、科研、商会、行业协会等社会机构一道，共同促进旅游市场主体创新自救和数字化转型。

疫情期间，本地休闲、近程旅游、文化和旅游融合、遗产活化、自驾旅游、研学旅行、露营经济等新需求和新业态成为新亮点，也是旅游市场复苏和旅游企业创新的有力支撑。中国旅游集团的"故宫以东"、华侨城集团的"欢乐海岸"、携程集团的"度假农庄"、开元旅业集团的"森泊度假"、春秋旅游集团的"建筑可阅读、城市微旅游"、景域集团的"帐篷客"、南京旅游集团的"长江传奇"、岭南商旅集团"消失的名菜""花园酒店博物馆"等项目，无不彰显了市场主体生生不息的创新力。正是由于旅游企业的砥砺前行，特别是各地政府的制度创新和主动作为，全国游客满意度保持在80分以上的满意水平。

政策千万条、市场第一条，只有巩固疫情防控成果，让国民有了安全和品质的出游预期，进而恢复常态化的旅游消费，旅行服务、旅游住宿、旅游景区和度假区，以及交通、餐饮、购物和娱乐领域的市场主体才能复工也复业。为确保2022年中秋、国庆前后不发生本土规模性疫情，中国政府在全面落实第九版防控方案的基础上，强化优化了一系列防控措施。对此，我们既要看到倡导广大人民群众国庆假期前后在本地过节，尽量减少跨地市出行，乘坐长途交通工具须持48小时核酸证明以实现安全有序出行的目标，更要看到推广"落地检"，强调"九不准"，"自愿免费即采即走，不限制流动"的理性应对。数据表明，相对于2021年下半年的一轮接一轮的局地疫情与旅游市场景气之间的"跷跷板"效应，2022年下半年疫情对旅游市场的波动幅度及影响范围明显缩小。随着疫情防控更加精准化和生产生活趋于常态化，国内旅游市场复苏向上的趋势将更加稳固。一个有效统筹疫情防控和旅游复苏的国内市场，必将有利于奠定入出境市场恢复的政策基础，必将有助于培育国际旅游合作的产业动能。

三、加强各国各地区的公共机构和私营部门间对话，务实推进国际旅游的包容性增长和可持续发展

旅游是经济属性强、市场化程度高的综合产业，用消费这把钥匙打开旅游业的大门之后，里面不仅有经济，还有政治、社会、科技和文化，更有人民与人民之间的交流交往。在统筹疫情防控与旅游复工复业方面，中国愿意与世界各国各地区分享经验，也愿意向世界各国各地区学习和借鉴。要实现有韧性、可持续和包容的旅游发展目标，脱钩是不可能的，封闭更是要不得的，国家和国家之间、行业和行业之间、人民和人民之间，都应当也必须相互交流、相互学习和相互借鉴。

根据中国旅游研究院监测数据，2020年以来，全球主流媒体和互联网社交平台对中国每年七个公众假期，尤其是春节、国庆节假日旅游市场数据，以及疫情防控政策的变化保持密切关注。总体来看，新闻报道和专业评论的立场越来越趋于中立，视角和观点越来越趋于客观，在重点关注疫情防疫对旅游业影响的同时，也在有意识总结中国旅游市场复苏的经验和数字化转型的做法。

由APEC批准立项、中国旅游研究院组织中小微型旅游企业数字化转型项目的阶段性成果表明：今天的旅游业，已经不可逆转地进入了数字化驱动的现代化进程。数字化已经不是写在书本上的概念，也不是实验室仿真的技术，而是实实在在的生存能力和发展动能。积极融入数字经济，面向以人民为中心的大众旅游和现代化导向的智慧旅游，综合运用5G、移动通信、大数据、人工智能、区块链、元宇宙等当代技术，推进旅游业高质量发展，已经成为我们必须回答，而且要回答好的现实课题。在这一领域，科技部的"科技助力经济2020""科技创新2030"等重大重点项目都予以关注和支持，并在旅游热度预报与节假日客流调控、景区预约、酒店无接触服务、沉浸式实景演出等项目上取得了社会和经济效益。事实上，中小微型企业的数字化转型、旅游集团和科技企业共同促进的业态创新，不仅是应对新冠疫情影响的阶段性措施，也是促进旅游业可持续发展和包容性增长的必由之路。

我们注意到，联合国世界旅游组织（UNWTO）的《世界旅游晴雨表》显示：2022 年前 5 个月，全球国际旅游数量达到 2.5 亿人次，较去年同期增长 221%，恢复到 2019 年疫情前水平的 46%。截至目前，全球已有 79 个国家和地区取消了所有关于新冠疫情设置的入境限制[①]，更多的国家调整优化了入境政策。日本自 9 月 7 日起，对全球游客开放"半自由行"，即入境仍需通过旅行社预订"机票 + 酒店"，并向政府报备行程后自由活动，每日入境人数配额提高至 5 万人。主管旅游事务的国土交通大臣表示"还将进一步放宽"，直至完全意义上的自由行。越来越多的国家认识到，没有完全意义上的自由行，就不会有国际旅游市场的真正复苏。

我们注意到，中国公民持旅游签证且随旅行社出境的游客，在出境旅游市场的比重逐年下降，来华入境旅游者的散客和自由行的比例更高。研判国际旅游市场的复苏程度和未来走向，当然要看团队旅游者的人数和旅游行政主管部门的政策风向标，更要看广义跨国旅行人数的变化，并密切关注航空、移民、边检的疫情防控的作业指导。总体而言，包括中国在内的政策导向开始转向国际旅行特别是商务旅行、留学和探亲入出境的便利化。

我们注意到，中国民航局两年前实施国际客运航班熔断政策以来，根据全球疫情形势的变化及防控要求，多次对熔断措施进行了调整。2022 年 8 月 7 日起，国际定期客运航班熔断措施再次进行了优化调整，

---

① 取消新冠入境限制的具体措施包括：不需要疫苗证书、不需要新冠的核酸检测（出发前和抵达后）、不需要隔离、入境政策回到疫情前，不再有与新冠疫情相关的各种限制。

其中熔断门槛从每班 5 例放宽到 4%，熔断周期由两周和四周，缩短到一周和两周。受此新政影响，国内外航空公司当月恢复了多条国际航线，机票预订量环比涨幅达两成，出入境机票平均支付价格环比下降超一成。①6 月 28 日，国务院联防联控机制发布第九版新冠肺炎防控方案，将密切接触者、入境人员和回国人员的隔离管控时间从"14 天集中隔离医学观察 +7 天居家健康监测"调整为"7 天集中隔离医学观察 +3 天居家健康监测"，核酸检测措施也有明显的简化。回顾过去三年的入境隔离政策调整过程，我们有理由对第四季度采取更加精准化的入出境旅游疫情防控政策保持乐观的预期。

随着政策储备、压力测试和精准防控经验的积累，中国的入出境旅游市场在年底年初迎来一个稳步复苏和逐步回暖的窗口期，是完全可以期待的，也是需要从现在起就要认真准备的。

2022 年 9 月

---

① 民航局再调整国际航班熔断措施！国际机票订单大增.京报网，2022-08-19.

目 录
CONTENTS

第一章 全球国际旅游业恢复形势向好 ………………………… 1
 一、国际旅游发展环境明显改善 ………………………………… 3
 二、国际旅游业恢复步伐整体加快 ……………………………… 6
 三、国际旅游恢复地区分化突出 ………………………………… 9
 四、中国入境旅游的竞争环境更加复杂 ……………………… 11

第二章 入境旅游市场低位运行 ………………………………… 19
 一、入境旅游市场底部下探 …………………………………… 21
 二、潜在来华旅游需求明显回升 ……………………………… 22
 三、入境旅游市场可望在今年底出现拐点 …………………… 23

第三章 数字化、多元化策略为市场主体带来发展契机 …… 25
 一、数字化正在重塑行业生态 ………………………………… 27
 二、多元化业务布局对抗外部风险 …………………………… 29
 三、以业务转型和市场转向谋求新的发展空间 ……………… 30
 四、以管理创新增强组织韧性 ………………………………… 31

中国入境旅游发展年度报告 2022
Annual Report of China Inbound Tourism Development 2022

第四章　复苏和回暖的政策窗口逐步打开 ·· 33
　一、入境旅游恢复和发展的政策环境正在优化 ·· 35
　二、入境旅游发展的行动方向和促进措施更加明确 ·································· 37
　三、对外推广和目的地建设更加务实高效 ··· 38
　四、促进入境旅游有序恢复的政策建议 ·· 43

第五章　以城市个性提升国际旅游影响力 ··· 47
　一、城市是推动入境旅游发展的关键力量 ··· 49
　二、城市国际旅游影响力比较 ··· 51
　三、以城市个性提升国际旅游影响力 ··· 54
　四、挖掘文化元素提高旅游推广质量 ··· 56

附录　城市国际旅游影响力的评价指标与方法 ·· 59

后记 ··· 64

第一章
全球国际旅游业恢复形势向好

第一章　全球国际旅游业恢复形势向好
Chapter 1　The global international tourism recovered into a better state

随着全球新冠疫情形势趋于稳定、疫苗接种日益普及，尤其是越来越多的旅游目的地取消国际旅行限制，全球国际旅游业在经历2021年下半年的温和反弹之后，2022年上半年的恢复步伐加快，未来恢复形势明显好转。中国的主要入境客源市场需求正在持续回暖，而周边国际旅游目的地也在加速开放，与2021年相比，中国入境旅游面临的潜在竞争压力显著增大，我国入境旅游发展的竞争环境更加复杂，需要继续跟踪主要客源市场和周边旅游目的地的最新动态。

一、国际旅游发展环境明显改善

全球经济在经历了2020年负增长后，在2021年快速反弹，恢复至疫前水平，为国际旅游恢复提供了较好的经济支撑。随着全球疫苗接种率不断提高，新冠病毒的致死率下降，越来越多的国家/地区取消与新冠疫情相关的国际旅行限制。

1. 全球经济实现较快恢复

全球经济先于国际旅游已恢复并超过疫前水平，在快速反弹之后将回归疫前增长水平，为国际旅游的后续恢复提供经济支撑。世界银行的数据显示，全球经济继2020年下降3.3%后，在2021年出现快速反弹，实现增长5.8%，GDP总量（不变价美元）超过2019年。世界银行预计2022年全球经济的增速将放缓至2.9%，之后两年的增速仍将大体保持在这一水平，与疫前增长水平基本持平。

2. 全球疫情形势回落至稳定区间

全球疫情在经历2022年初由奥密克戎变异毒株引发的一波疫情高峰之

3

后，呈下降趋势。根据 Our World in Data 网站数据①，截至 2022 年 10 月底，全球累计报告新冠确诊病例近 6.3 亿例，累计死亡病例近 658 万例。在此前的 28 天内，共有新增确诊病例约 1250 万例，新增死亡病例约 4 万例，尽管仍处高位，但回落至 2021 年的水平，到 2022 年 9—10 月，新增病例略低于 2021 年同期水平。

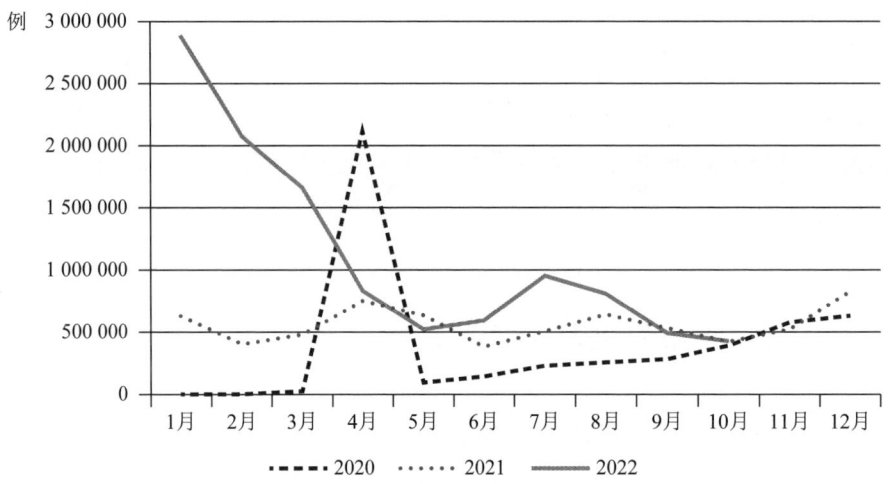

图 1-1　2020—2022 年全球月均单日新增病例情况

数据来源：Our World in Data

随着各国新冠疫苗的研发成功并广泛接种，全球基础免疫加速形成。根据 Our World in Data 网站公布的数据②，截至 2022 年 10 月底，全球 68% 的人口至少接种了一剂新冠疫苗，全球累积接种新冠疫苗近 130 亿剂，目前，每日接种数量达 200 万剂。新冠疫苗虽然并不能阻断病毒传播，但在减少重症率和死亡方面依然有效。相比之前的变异毒株，奥密克戎及其后代毒株对人体的危害性有所减弱。根据全球每年新增的累积病例和死亡病例数据测算，2022 年（截至 10 月底）主要由奥密克戎及其后代毒株引起的全球死亡率为

---

① 数据的具体时间跨度为 2020 年 1 月 22 日—2022 年 10 月 23 日。
② https://ourworldindata.org/covid-vaccinations

0.3%，远低于2021年的1.7%和2020年的2.3%。①较高的疫苗接种率及新冠病毒致死率明显下降促使更多国家/地区取消国际旅行限制。

3. 取消国际旅行限制步伐加快

随着疫苗接种率持续提高，新冠病毒变异株的危害性相对下降，为缓解社会和经济压力，更多国家/地区开始在2022年取消国际旅行限制。2020年3月以来，全球取消边境管制的步伐加快。联合国世界旅游组织（UNWTO）的数据显示，截至2022年3月30日，全球共有14个国家/地区取消国际旅行限制，仅半年之后（截至2022年9月30日），这一数字增加为92个国家/地区（占全球的41%），这些国家/地区对入境游客不再采取核酸检测、疫苗证明和隔离等措施。在这些取消国际旅行限制的国家中（如图1-2），超过七成是欧美地区的国家，有近一半（48%）为欧洲国家，共44个，美洲地区的国家为23个。根据2019年的统计数据，这些国家/地区的国际游客接待人次占全球的50%，国际旅游收入占全球的40%。在这些取消国际旅行限制的国家/地区中，欧洲国家的国际游客接待人次占所有取消国际旅行限制国家/地区的79%，国际旅游收入占72%（同样基于2019年的数据计算）。

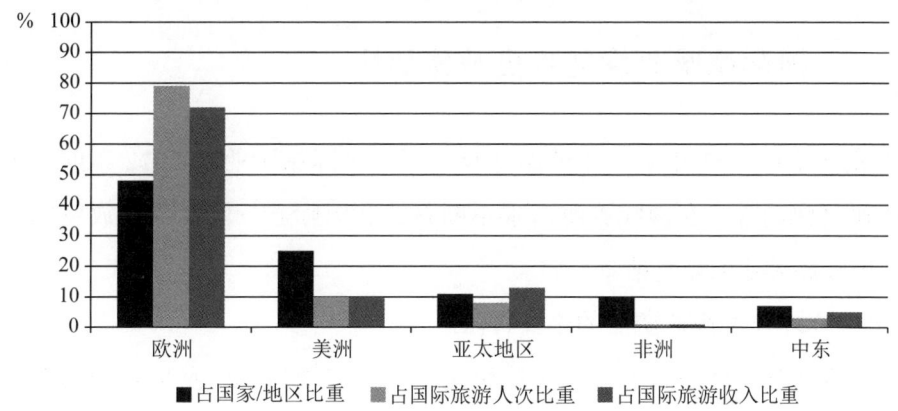

图1-2 取消国际旅行限制的国家和地区的构成情况（截至2022年9月底）

数据来源：联合国世界旅游组织。

---

① 根据Our World in Data网站公布的数据测算。

据悉，萨尔瓦多是第一个正式取消所有与新冠疫情相关国际旅行限制的国家。自2021年11月17日起，萨尔瓦多取消了入境疫苗证明/核酸检测要求，标志着所有与疫情相关旅行限制的取消。虽然，早于这一时间点，墨西哥、哥斯达黎加、哥伦比亚和多米尼加共和国就已经没有基于疫苗证明、核酸检测、隔离等入境限制，但是哥斯达黎加、哥伦比亚和多米尼加共和国均采取了不同形式的要求，哥斯达黎加和哥伦比亚规定入境游客需要疫苗证明才能进入餐馆、酒吧、影院等众多公共场所，而多米尼加共和国规定要进入度假村外的所有场所均需要疫苗证明。相比之下，墨西哥可谓是疫情暴发以来入境限制最低的国家，自始至终没有关闭边境，只规定了入境游客需要填写健康问卷调查表（Vuela Seguro），用于跟踪游客的健康状况。墨西哥从2022年1月1日起，取消了这一调查填写要求，成为第二个正式取消所有国际旅行限制的国家。从地区来看，欧洲是取消所有国际旅行限制步伐最快的地区。从挪威开始，欧洲国家于2020年2月起，陆续开始取消所有国际旅行限制，到2022年7月底，绝大多数欧洲国家（40个）已经实现国际旅行的全面放开。

二、国际旅游业恢复步伐整体加快

在经历了2021年下半年的温和反弹后，国际旅游业在2022年前七个月呈快速反弹趋势。在国际旅游需求不断释放和国际旅行限制持续放宽的背景下，国际旅游业的恢复前景好转。

1. 2021年国际旅游业的恢复有限

伴随疫苗接种率的上升、跨境协调和协议的增加，以及更宽松的旅行限制，2021年国际旅游业出现有限的恢复，与2019年疫前水平相比差距依然较大。UNWTO公布的数据[①]显示（图1-3），2021年全球共接待国际游客

---

① 为UNWTO调整后的数据。https://www.unwto.org/tourism-data/global-and-regional-tourism-performance

第一章　全球国际旅游业恢复形势向好
Chapter 1　The global international tourism recovered into a better state

约 4.5 亿人次，同比增长 9%，但仍比 2019 年疫前水平低 70%。2021 年全球国际旅游收入约为 6210 亿美元，同比增长 7%，但仍比 2019 年低 58%。与 2021 年初的疲软相比，国际旅游业在 2021 年下半年温和反弹，与 2020 年同期相比，2021 年第三季度和第四季度的国际游客接待人次分别增长了 64% 和 165%。

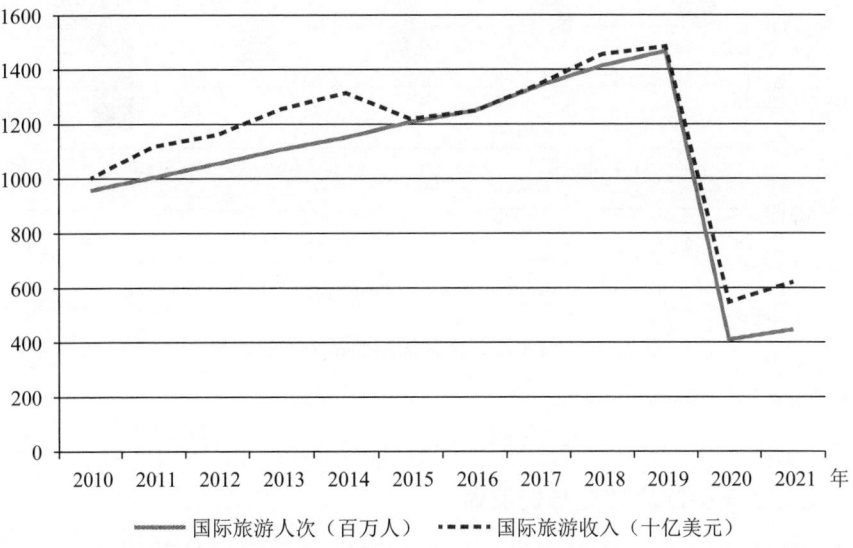

图 1-3　2010—2021 年全球国际旅游人次和收入情况

数据来源：联合国世界旅游组织。

各地区的恢复情况并不平衡。欧洲和美洲的恢复迹象最为明显，亚太地区依然处于低谷（图 1-4）。欧洲和美洲国际游客接待规模与 2020 年相比分别增长了 25% 和 18%，但仍然比 2019 年疫前水平分别低 59% 和 63%。中东和非洲地区同样在 2021 年有所恢复，与 2020 年相比分别增长了 8% 和 1%，但仍比 2019 年分别低 71% 和 72%。亚太地区的国际旅游形势依然严峻，2021 年的国际游客接待规模与 2020 年相比下降 65%，与 2019 年相比下降 94%。

7

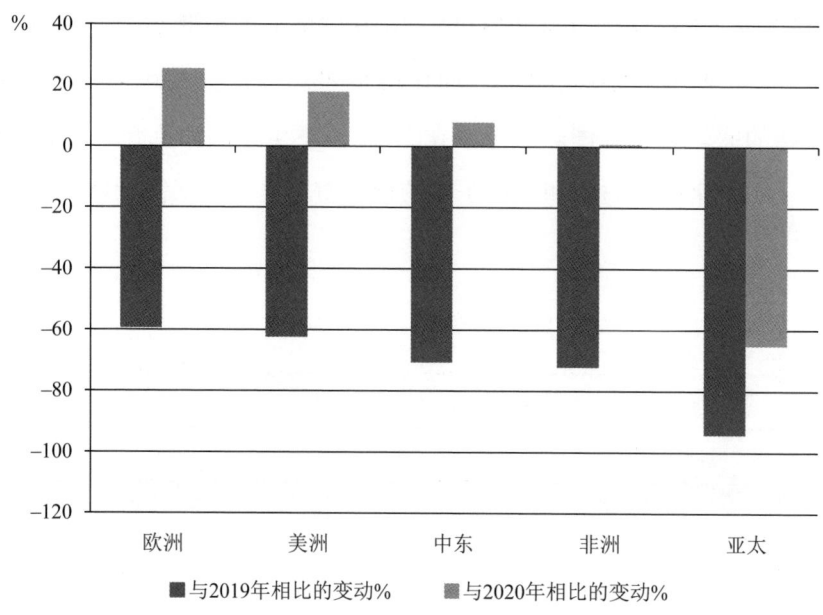

图1-4 2021年各地区国际旅游人次变动情况

数据来源：联合国世界旅游组织。

2. 2022年国际旅游业加速反弹

在更多国家/地区取消或进一步放宽国际旅行限制的政策利好下，被压抑的国际旅行需求得到有效释放，2022年1月至7月，国际旅游业恢复步伐加快，呈加速反弹趋势（见图1-5）。UNWTO于2022年9月发布的《世界旅游晴雨表》显示，2022年1月至7月，全球共接待国际游客约4.7亿人次，超过了2021年全年的规模，与2021年同期相比增加了近两倍，增长达172%，国际旅游业恢复至疫前水平的57%。北半球夏季强劲的旅游需求对这一反弹贡献突出。据估计，2022年6月和7月的国际游客接待人次合计为2.1亿人次，占2022年前七个月总量的44%，是2021年同期的两倍多，分别恢复至疫前水平的66%和72%。

第一章 全球国际旅游业恢复形势向好
Chapter 1 The global international tourism recovered into a better state

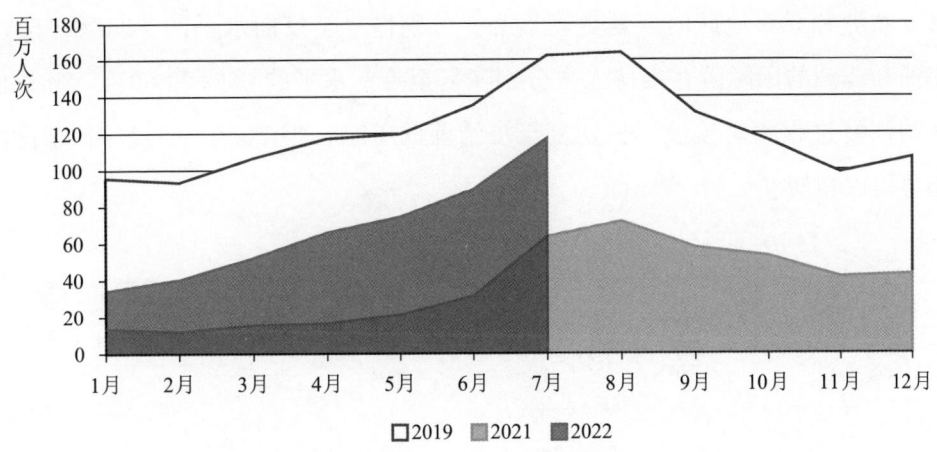

图1-5　2019—2022年（1—7月）国际游客接待人次月度情况

数据来源：联合国世界旅游组织。

3. 国际旅游业的恢复预期好转

根据2022年9月的调查，UNWTO旅游专家小组对2022年9月至12月的前景持谨慎乐观态度，近一半（47%）的专家认为2022年9月至12月的发展前景更好，约四分之一（24%）的专家预计不会有特别的变化，约三成（28%）的专家认为情况可能会变差。专家们对2023年和2024年的发展预期较为乐观。大多数（61%）专家认为国际旅游可能在2024年恢复至2019年的疫前水平，约三成（27%）的专家则表示在2023年就可以恢复至疫前水平。未来，国际旅游业的实际恢复情况主要受不确定经济环境的影响，如通货膨胀率上升、油价飙升，以及俄乌冲突的加剧等。

三、国际旅游恢复地区分化突出

2022年1月至7月，欧洲、美洲、亚太、中东和非洲五大区域板块的国际旅游业都出现了不同程度的反弹（见图1-6）。根据UNWTO发布的最新数据，与2021年相比，中东和非洲地区的恢复步伐明显加快。从恢复情况来看，欧洲和中东地区的恢复力度最强，分别恢复至疫前水平的74%和76%。美洲和非洲的国际游客接待人次分别恢复至疫前水平的65%和60%。亚太地区的恢复进程相对较慢，只恢复至疫情前的14%，但2020—2021年的下滑趋势得以扭转。

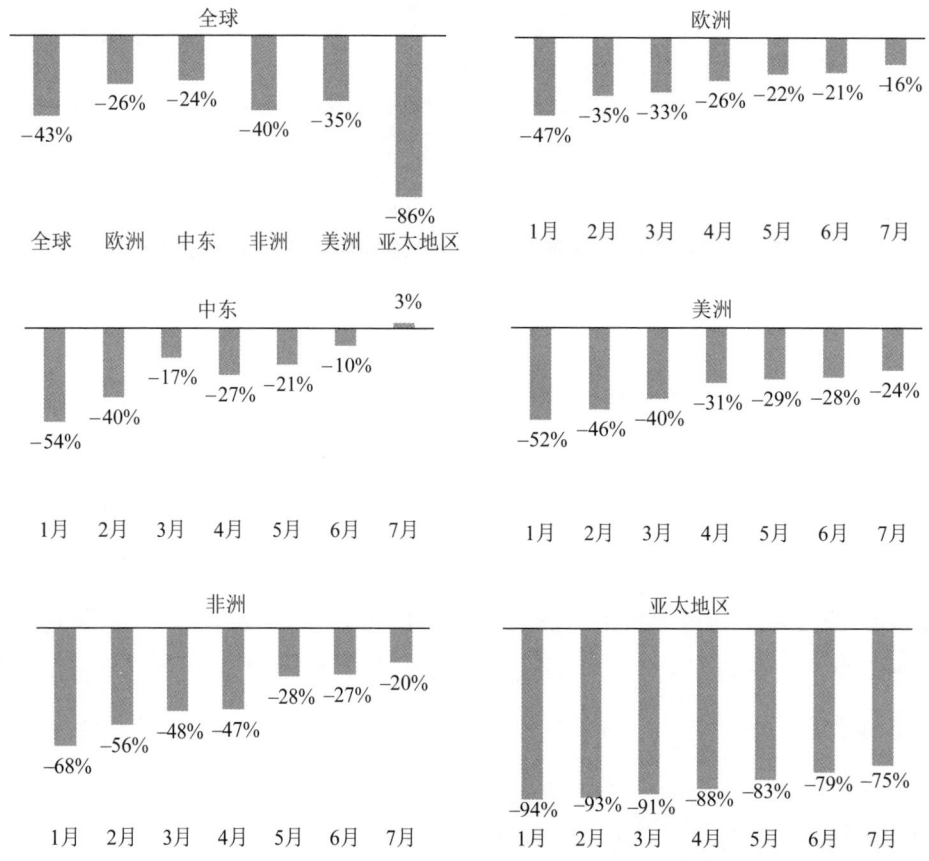

图1-6　2022年1—7月各地区国际旅游恢复情况（与2019年同期相比的变动百分比）

数据来源：联合国世界旅游组织。

1. 欧洲和中东地区引领恢复

欧洲和中东地区在2022年1月至7月的恢复速度最快。期间，欧洲接待国际游客人次为2021年同期的近三倍（+190%），这主要得益于区域内强劲的旅游需求和目的地旅行限制的普遍取消。其中，6月和7月的表现最为抢眼，国际游客接待人次分别攀升至2019年相同月份的79%和84%。中东地区的国际游客接待人次为2021年同期的近四倍（+287%），恢复至2019年同期的76%。值得关注的是7月，在沙特阿拉伯朝觐朝圣旅行的带动下，中东地区的国际游客接待人次超过了疫情前水平（+3%）。

2. 美洲和非洲地区恢复显著

美洲和非洲地区在2022年1月至7月期间，也表现出较强劲的恢复态势。美洲地区的国际游客接待人次是2021年同期的两倍多（+103%），达到2019年同期的65%。同样地，6月和7月的国际旅游需求最为强劲，国际游客接待人次分别攀升至2019年同月份的72%和76%。非洲地区的国际游客接待人次与2021年同期相比增长达171%，恢复至2019年同期的60%，在6月和7月两个月份，分别恢复至疫前水平的73%和80%。

3. 亚太地区出现转折

新冠疫情暴发之前，亚太地区的国际游客接待人次增速基本保持在5%以上，在五大区域中处于领先地位。然而，受新冠疫情影响，国际旅游业的竞争态势骤然改变，亚太地区的旅游经济增速出现较明显的下滑，且与其他地区相比，恢复速度较慢。亚太地区在2022年1月至7月，国际游客接待人次与2021年同期相比增长165%。虽然亚太地区这一国际游客接待规模仍比2019年同期低86%，但也意味着过去两年的下滑态势结束，2022年，亚太地区的国际旅游经济将开启扭转向上、稳步恢复的新局面。

四、中国入境旅游的竞争环境更加复杂

中国主要入境客源市场的需求持续回暖，潜在入境旅游需求显著增加。但与此同时，伴随周边旅游目的地在2022年之后加快放宽或直接取消国际旅行限制，中国入境旅游面临的潜在竞争压力也在增大。

1. 主要入境客源市场需求持续回暖

2022年，与全球国际旅游业的恢复步伐一致，中国主要客源市场的

出境旅游需求也呈持续恢复态势，因新冠疫情而被压抑两年多的旅游需求正在以较快的速度被释放出来。根据UNWTO的数据，与2019年疫前水平相比，2022年1月至7月，来自法国、德国、越南、意大利和美国等国家的出境旅游支出已经恢复至2019年同期的七成以上（75%至90%），韩国、加拿大、新加坡等的出境旅游支出也已恢复至2019年同期的近一半，而来自印度的出境旅游支出甚至超过了2019年的同期水平（图1-7）。

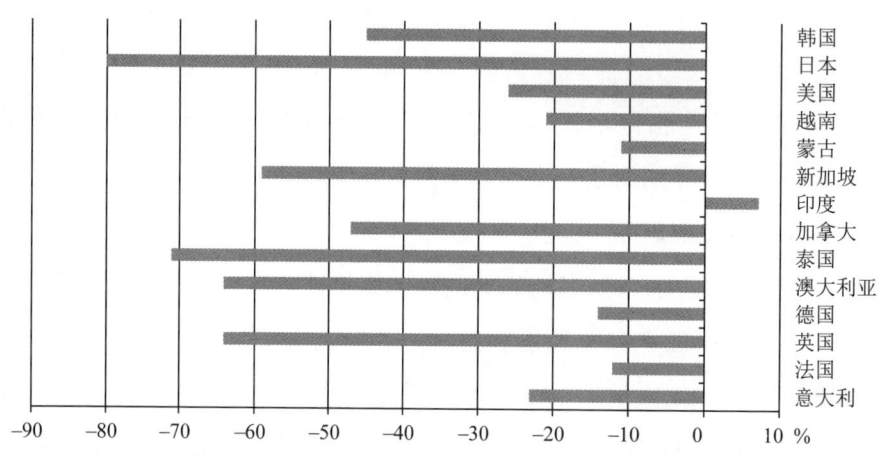

图1-7　主要入境客源市场出境旅游支出情况（与2019年同期相比的变动百分比）

数据来源：联合国世界旅游组织。

香港作为我国大陆地区首要的入境客源市场，伴随国际旅游限制政策放宽，居民出境旅游需求正在快速恢复。在2022年9月26日实施"0+3"入境政策，取消酒店隔离后，一直被压制的出境旅游需求进一步释放，甚至出现"报复性出游"。在线旅行社Trip.com在"0+3"政策实施当天的机票预订数据显示，当周周末出境机票的预订订单较政策实施前两周的周末（9月17至18日）增长了近400%，出境机票订单量显示，前五位的出境旅游目的地依次为曼谷（+628%）、首尔（+700%）、东京（+1385%）、新加坡（+200%）和大阪（+7300%）。香港运输及物流局的数据显示，在10月的第一周，经机场出境人次约 4.8 万人次，比"0+3"政策实施前的一周增长近 30%。[①] 据统计，机场出境人员中近 80% 为香港居民。[②] 未来伴随入境隔离政策的进一步放宽，居民出境旅游规模将出现更大幅度的增长。

除了香港地区外，韩国和日本作为我国最大的入境过夜客源市场，也在放开国民出境旅行限制，两国出境旅游需求大幅回升。韩国于 2022 年 3 月 21 日起开始放宽对入境人员的隔离措施，允许接种新冠疫苗的人员入境韩国后免除防疫隔离，这让压抑两年多的韩国居民的出境旅游需求暴增，进而引发报复性旅游消费。据 UNWTO 数据显示，2022 年 1 月至 7 月，来自韩国的出境旅游支出已经恢复至 2019 年同期水平的 55%，其中 3 月至 7 月均保持在 60% 左右（图 1-8）。据《东亚日报》报道，自韩国政府宣布免除入境隔离措施后，韩国居民的出境旅游产品购买需求出现暴增，出境航班订单量的增长最为明显，尤其是从仁川至夏威夷、关岛、宿雾岛、塞班等休闲旅游地的航空订单。[③] 可以说，韩国居民的出境旅游迎来"井喷式"爆发。

随着日本政府对国际旅行限制的逐步放宽，日本出境旅游需求也在逐渐回暖。日本于 2022 年 4 月 1 日起将出境警告级别下调一级，日本各大旅游公司从 4 月起开始相继重启出境旅游业务。日本国家旅游局公布的数据显示，2022 年 7 月，日本居民出境旅游人次为 27.8 万人次，是 2021 年 7 月的 6.4 倍，但较 2019 年同月减少 83%。根据 UNWTO 的数据，2022 年 1 月至 7 月日本的出境旅游支出呈现小幅回升趋势，已恢复至 2019 年同期水平的 20%，且每月都有所改善（图 1-8）。其中，6 月和 7 月两个月份的出境旅游支出已恢复近三成。

[①] 香港01网站．0+3丨機場離境人次增三成　運輸局：航空公司正增加航班及人手，2022．https：//www.hk01.com/article/823249?utm_source=01articlecopy&utm_medium=referral

[②] 香港电台网站．「0+3」落實8天機場出境量較入境多　香港居民為主，2022．https：//news.rthk.hk/rthk/ch/component/k2/1669610-20221004.htm?spTabChangeable=0

[③] 环球网．韩国人出境游需求暴增，引发报复性消费，2022．https：//world.huanqiu.com/article/47QC8SXywfn

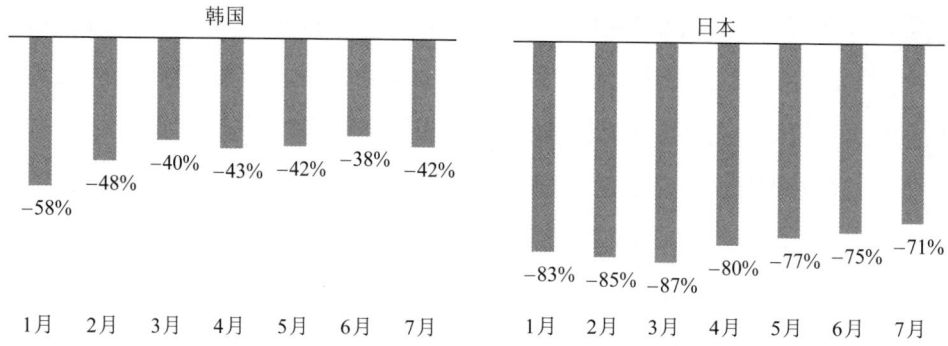

图 1-8　韩国和日本出境旅游支出情况（与 2019 年同期相比的变动百分比）

数据来源：联合国世界旅游组织。

2. 来自周边旅游目的地的竞争压力加大

文化类似，地理位置相邻、相近的国家和地区在互为重要客源市场的同时，在吸引国际游客到访的过程中，也往往因为类似的文化和旅游资源彼此互为竞争对手。中国周边的旅游目的地国家，典型如日本、韩国以及东南亚的泰国、新加坡、马来西亚、印度尼西亚、越南和柬埔寨等，均对我国入境旅游发展构成一定的竞争。越南、马来西亚、泰国、韩国和柬埔寨已经取消隔离、疫苗、核酸检测等所有与疫情防控相关的入境限制，日本、新加坡、印度尼西亚等正在加快放宽入境限制，在抢占国际旅游市场方面占据先机，对我国入境旅游发展带来的竞争压力有所增大。

2022 年以来，周边国家放宽国际旅行限制的步伐在不同程度地加快。越南是第一个取消所有与新冠疫情相关入境限制的东南亚国家。自 2022 年 3 月 16 日起，越南取消了入境隔离政策，随后，在 4 月底取消线上健康申报要求，在 5 月中旬又取消登机前的核酸检测要求，① 只要求入境游客遵守当地防疫规定，做好自主健康管理。与越南类似，马来西亚于 5 月对完整疫苗接种者实施免隔离和免核酸证明的入境政策，自 8 月 1 日起，取消疫苗及核酸要求，

---

① Richabba 网站．Vietnam【越南】最新入境、隔離政策，2022．https：//richabba.com/vietnam-entry-covid-19/．

但同样要求入境游客遵守当地防疫规定。经济高度依赖旅游业的泰国自2021年下半年就开始探索逐步放宽入境限制，最终于2022年10月1日将新冠疫情危险级别下调至监测性传染病，取消所有与新冠疫情相关的入境限制政策。韩国从2022年上半年开始放宽入境限制，从最开始的完整疫苗接种者无需隔离，到取消疫苗接种要求，再到取消出发前核酸检测，最后于10月1日起，取消到达后核酸检测，至此，取消了所有的与疫情相关的入境限制。柬埔寨于2022年7月11日起，对所有入境游客采取免隔离政策，只保留了入境后快速监测的要求，从10月4日开始取消这一监测要求，成为第四个取消所有疫情相关入境限制的东南亚国家。

包括日本、新加坡和印尼等在内的其他国家虽然没有完全取消与疫情相关的入境限制，但也正在很大程度上放宽入境限制，对符合条件者（完整疫苗接种者）取消入境隔离，只保留疫苗或者核酸要求。日本于2022年显著加快了取消入境限制的步伐，于6月10日起放开团队入境旅游，10月11日起，又放开了个人自由行。目前，入境日本只需要疫苗证明，对于没有疫苗者要求行前72小时核酸，落地后没有隔离和核酸要求，为赴日本游客继续提供线上办理检疫、入境审查及海关申报手续的服务，办理后的赴日游客可通过"快速通道"入关。新加坡是最早开始探索放宽入境限制的东南亚国家之一，2021年9月，新加坡就允许部分国家的完整疫苗接种者免隔离入境。2022年4月底开始，新加坡对疫苗接种者取消行前48小时核酸要求，8月底开始，进一步放宽入境限制，无疫苗接种者只需要行前48小时核酸便可入境新加坡。印度尼西亚于2022年3月底开始对完整疫苗接种者实行免隔离入境。

3. 取消入境隔离成为吸引游客到访的关键性举措

2022年以来，全球主要国际旅游目的地竞相放开入境限制。从各国放宽入境限制的过程中，我们不难发现，取消入境隔离是吸引入境游客大量到访的关键性举措。泰国自2021年11月允许低风险国家完整疫苗接种者免隔入境离后，对疫苗和核酸要求的进一步放宽，迎来较大规模的国际游客到访。尤其是泰国自7月1日起停用"泰国通行证（Thailand Pass）"系统，外国旅客仅凭新冠疫苗完整接种证明或行前 72 小时核酸检测阴性证明即可免隔离进入泰国后，在 7 月当月，入境游客接待量突破百万，与上月相比增长达 46%，恢复至 2019 年同月的 34%。据泰国旅游局统计，2022 年前九个月泰国已累计接待外国游客超过 600 万人次，达到预期目标。最终全部取消所有疫情相关入境限制政策后，入境游客接待量将迎来更快速的增长，国际旅游恢复进程加快。越南在 3 月接待入境过夜游客 4 万人次，在取消国际旅行限制后，4 月的入境游客接待人次猛增至 10 万人次，5 月达到 17 万人次，7 月达到 35 万人次，与 2019 年同期水平的差距显著缩小。马来西亚的数据也同样表明取消入境隔离可迅速刺激入境旅游市场恢复。马来西亚在 3 月底对完整疫苗接种者免隔离入境后，4 月的入境游客接待人次猛增至 39 万人次，5 月达到 67 万人次，6 月为 97 万人次，与疫前接待水平的差距持续缩小。

表 1-1　2022 年 1—7 月部分中国周边国家接待国际游客情况

单位：人次

国家	1月	2月	3月	4月	5月	6月	7月	1—7月
日本	17 766 -99%	16 719 -99%	66 121 -98%	139 548 -95%	147 046 -95%	120 400 -96%	144 500 -95%	-97%
韩国	81 851 -93%	99 999 -92%	96 768 -94%	127 919 -92%	175 922 -88%	227 713 -85%	263 986 -82%	-89%
泰国	133 903 -96%	152 954 -96%	210 836 -94%	293 350 -91%	521 410 -81%	767 497 -75%	1 124 227 -66%	-86%
马来西亚	29 797 -99%	26 760 -99%	41 496 -98%	392 059 -82%	670 474 -68%	971 574 -60%	—	-84%
印度尼西亚	143 578 -88%	18 455 -99%	40 790 -97%	111 057 -91%	212 332 -83%	345 438 -76%	476 970 -68%	-85%
越南	19 727 -99%	29 517 -98%	41 740 -97%	101 373 -93%	172 948 -87%	236 677 -80%	352 579 -73%	-90%
柬埔寨	44 910 -93%	50 411 -92%	64 225 -90%	81 939 -85%	101 979 -78%	163 298 -64%	236 697 -53%	-81%

注：比重值（%）表示 2022 年接待的国际游客人次与 2019 年同期的变动情况。

数据来源：联合国世界旅游组织。

入境旅游管理、营销部门和研究机构要持续关注主要客源市场及周边国家的边境放开政策和入境旅游市场恢复情况，在看到压力的同时，也要为我国入境旅游的有序恢复做好数据和情报储备。这些国家在大幅放宽或者取消入境限制后，将率先吸引来自东北亚及东南亚地区内及欧美长线客源市场的游客到访，在我国还没有对广大入境游客放开的当前及未来一定时期内，周边旅游目的地的放开对我国入境旅游市场带来较大压力。已有数据显示，这些国家在2022年各个月份的入境游客接待量与2019年疫前水平的差距在逐步缩小。这些国家作为先行者，其入境限制放开过程、放开之后的疫情防控形势及入境旅游恢复情况也将为我国后续采取相关政策提供经验和借鉴。

第二章
入境旅游市场低位运行

第二章　入境旅游市场低位运行
Chapter 2　The inbound tourism market kept decreasing

过去的两年里，我国入境旅游市场呈收缩态势，需求更具刚性的商务旅行等持续是支撑我国入境旅游市场的主力。在全球疫情没有全面结束的背景下，伴随我国精准防控能力的不断提高，包括入境签证、隔离、国际航班熔断等在内的国际旅行限制政策将继续有序放宽，我们预计，我国入境旅游或将在2022年底2023年初迎来稳步复苏和逐步回暖窗口，未来入境旅游恢复可望呈"小步走"趋势，入境旅游将在2023出现较为明显的恢复。

一、入境旅游市场底部下探

1. 2021年入境市场规模持续下滑

2021年，我国入境游客接待规模继续下行（见图2-1）。这与亚太地区的整体形势一致。北京、上海和广东省作为我国入境旅游的主要口岸地区，2021年，入境游客接待规模均出现不同程度的下滑，下降幅度在20%到30%不等。课题组基于国内外公开数据进行综合研判，初步估计在2021年，我国接待入境游客约1500万人次，与2019年相比下降约90%。

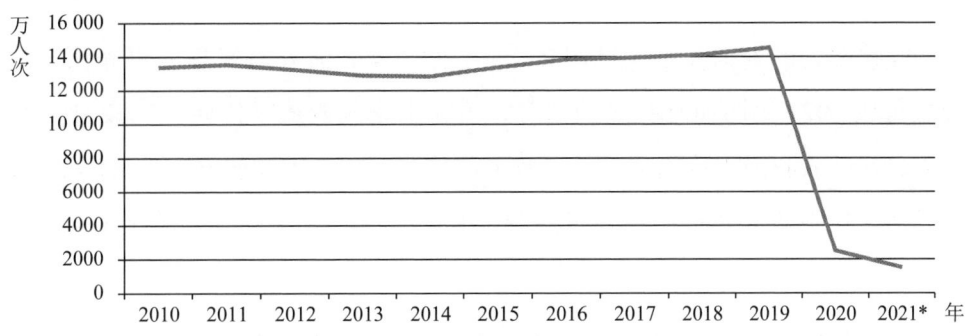

图2-1　2010—2021年我国入境游客接待情况

数据来源：中国旅游研究院（文化和旅游部数据中心）。

注：*为估计数据。

2. 商务旅行成为入境旅游恢复的基础支撑

疫情背景下，持续频繁的国际经贸往来和国际资本流通促成更多必要的来华商务旅行。国民经济和社会发展统计公报显示，2020年，我国全年货物进出口额逆势保持小幅增长，2021年迎来超过20%的大幅增长。同期，我国实际使用外商直接投资金额保持类似增幅，我国全行业对外直接投资保持稳步增长[1][2]。我国与其他经济体之间更加密切的货物和资金往来一定程度上促进了经贸、科技、物流等人员必要的来华商务旅行。

需求更具刚性的商务旅行持续是支撑我国入境旅游市场的主力。已有统计数据显示，过去两年里，港澳台地区依然是我国首要的入境客源市场。在国际贸易和投资规模不断扩大的背景下，与我国经贸往来最为密切的国家也是最主要的入境客源市场，如日本、韩国、美国、德国、新加坡、俄罗斯、英国等。这些国家作为我国最主要的贸易合作伙伴，2021年的统计数据显示，他们与我国的进出口货物贸易总额占总量的比重超过三分之一，也是对华直接投资最主要的来源国。据统计，2021年，新加坡、韩国、日本、美国和英国均在对华实际投资金额前十的榜单之中。[3]

二、潜在来华旅游需求明显回升

谷歌搜索的数据显示（见图2-2），2022年，海外对来华航班和住宿的搜索量较2021年同期有明显的回升，潜在来华旅游需求回暖。2022年6月以来，伴随着我国入境隔离、签证政策的放宽，加之国际航班数量持续增多，海外对来华航班和住宿的搜索量显著上升。根据海外民众一般提前3~6个月

---

[1] 中国政府网.金额达1329亿美元，增长3.3% 2020年对外投资实现正增长，2021. http：//www.gov.cn/xinwen/2021-01/22/content_5581771.htm

[2] 中国政府网. 2021年我国对外投资超9300亿元，2022. http：//www.gov.cn/xinwen/2022-01/20/content_5669524.htm

[3] 央视网.《中国外资统计公报2022》发布 中国实际使用外资规模仍在稳定增长，2022. https：//news.cctv.com/2022/09/11/ARTIirX8nrz2U6YBFneu76Dm220911.shtml

开始预订的消费习惯，这一数据意味着，在2022年下半年，尤其是2023年，我国入境旅游市场大概率将会出现显著的恢复。

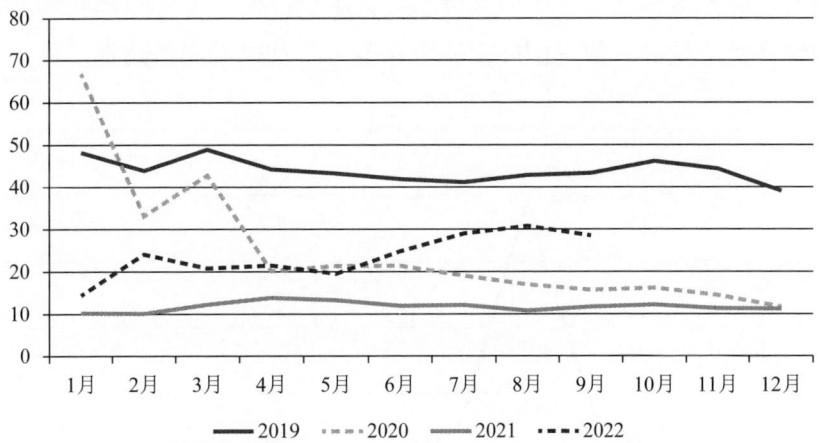

图2-2　2019—2022年（1—9月）海外民众对来华航班和酒店的月均日搜索指数

数据来源：谷歌旅行洞察 Travel Insights with Google

三、入境旅游市场可望在今年底出现拐点

在更加精准、科学的疫情防控政策下，加之病毒的危害性大幅降低，入境签证、隔离政策还有放宽的余地，更多国际航线正在恢复，在潜在入境旅游需求回暖的基础上，预计我国入境旅游或将在2022年底2023年初迎来稳步复苏和逐步回暖窗口，2022年将成为入境旅游市场触底反弹的一年，我国入境旅游有望在2023年出现较显著的恢复。

全球疫情仍然在高位运行，多点、频发、面广的国内本土疫情形势依然严峻。2022年3—5月，由于奥密克戎变异毒株的传播性更强，我国本土新增病例大幅增加（图2-3），通过科学、精准的疫情防控措施，此轮疫情在尽可能短的时间内得到有效控制。在"人民至上、生命至上"的抗疫理念下，我国将继续坚持"外防输入、内防反弹"的疫情防控总策略和"动态清零"

总方针。在这一疫情防控常态化背景下，我国入境旅游直接全面放开的可能性较小，但伴随我国疫情防控的经验更加丰富，疫情防控更加科学化和精准化，加之，新冠病毒的致死率明显降低，[①] 有序恢复入境旅游是兼顾疫情防控成果和经济社会发展，促进国际交流合作与人员往来的必然选择。

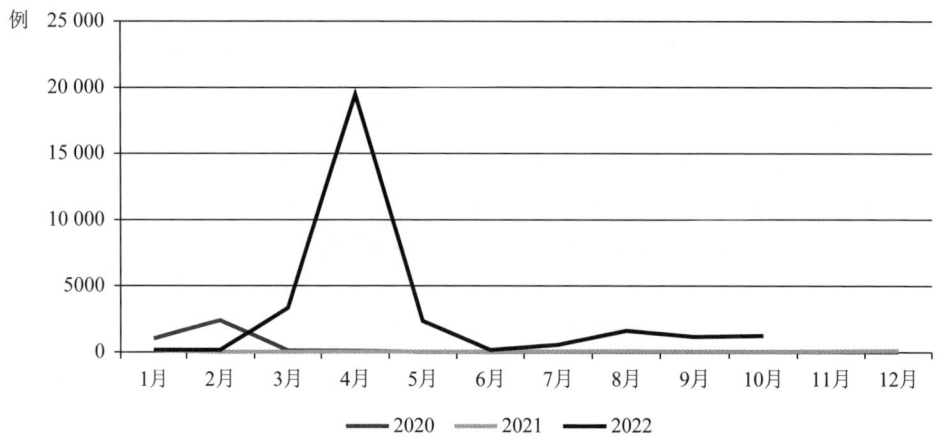

图2-3　我国2021—2022年月均日新增确诊病例情况

数据来源：Our World in Data。

伴随入境隔离、签证政策的有序放宽，加之国际航班的持续恢复，入境旅游正在小范围内恢复。入境事务性签证的放开保障了必要的来华旅行，其中在华不超过一年的商务、留学、探亲等人员构成了未来一段时期内我国入境旅游的基础市场。国际航线和航班的持续恢复将不断提高来华旅行在物理上的可进入性，并降低交通成本。目前，入境隔离政策是限制来华旅行的主要屏障，伴随我国疫情防控精准化程度的进一步提高，我们有理由期待入境隔离规定的进一步有序放宽。课题组初步判断，入境旅游市场将在2022年迎来拐点，伴随相关利好政策效果进一步的显现，入境旅游将在2023出现更明显的恢复。

---

① 根据已有的数据测算，我国新冠病毒在2021年和2022年（截至10月23日）的致死率均在0.1%以下，远远低于2020年的5%。

第三章

数字化、多元化策略为
市场主体带来发展契机

第三章　数字化、多元化策略为市场主体带来发展契机
Chapter 3　Digitization and diversification strategies brought development opportunities for market players

根据工信部统计，我国 99% 以上的企业为中小企业，[①] 对于入境旅行服务商而言，中小微企业同样是主体。根据课题组对入境旅行服务商的持续跟踪研究，企业规模与企业承受外部冲击的能力成正比，小微企业应对新冠疫情这种外部风险的能力远不如大、中型企业，但小微企业一旦找到新的赢利点，其恢复速度更快，恢复情况也要好于规模更大的企业，正所谓"船小好掉头"。

小微企业寻找新赢利点的过程往往就是创新的过程，大多数情况下为渐进式创新，如挖掘用户的潜在需求，根据客户需求调整或更新服务内容、服务方式等。在这一过程中，数字技术及工具有效地帮助入境旅游旅行商不断检索适应当前环境的业务内容和服务方式，提供更多的试错机会，提高了他们在疫情影响下的生存几率，数字化还带来了产品和商业模式创新，正在重塑行业生态。此外，为更好地应对外部风险，市场主体更多地向多元化运营的战略转型。在入境接待业务没有恢复之前，少数入境旅行服务商积极进行业务调整和目标市场转换，寻求新的发展空间。绝大多数传统入境旅行服务商采取"休养生息"的策略。在留住核心骨干同时，持续保持与潜在客户的联系，为未来发展储备实力。当前，入境旅行服务商在反思疫情影响的基础上，需主动思考如何增强组织韧性，积极谋划未来的数字化转型。

一、数字化正在重塑行业生态

疫情加速了全球经济的数字化进程。数字基础设施的加快建设，教育、零售、医疗等服务行业更多地转向线上提供服务，制造业大量采用数字技术

---

① 人民网.工信部：十年来我国私营个体就业总数增加2亿多人，2022. http://finance.people.com.cn/n1/2022/0614/c1004-32445941.html.

和工具等均表明这一进程在加速。①虽然旅游业无法像教育、零售等服务行业一样完全转为线上，目前的技术也不足以支撑起成熟的虚拟旅游。但与各行各业一样，旅游业的数字化进程同样在加速。对于入境旅行服务商而言，数字化转型也越来越成为必修课。一方面，在疫情的影响下，潜在入境游客使用数字工具的习惯进一步强化，更习惯于在线获取旅行信息，预订机票、酒店及旅游行程；另一方面，数字技术和工具不仅是越来越重要的获客渠道，其应用也可以理顺企业经营业务的各个环节，有效地提升组织效率，并提升用户体验，为入境旅行服务商带来显著的竞争优势。

在疫情加速全球数字化转型的背景下，旅游供应链各个环节上的市场主体均在不同程度地进行数字化转型，入境旅行服务商的数字化转型在未来也将更加迫切。疫情摧毁了以"海外组团社—外联社—地接社"这一传统业务链条为基础的行业生态，未来伴随入境旅游行业生态的重建，数字化基础更好的新兴入境旅行服务商及行业新进入者将更多参与这一重建过程，这也意味着数字化将重塑行业生态。

1. 数字工具提供更多试错机会

根据课题组持续对我国入境旅行服务商的跟踪和研究，我们发现，数字化基础更好的入境旅行服务商在疫情期间的生存和恢复能力相对更强。数字工具为他们提供了更多的试错机会，挖掘新的赢利点，进而提高生存概率。在疫情暴发后的半年到一年多里，由于线下旅行业务关停，与其他行业的市场主体一样，入境旅行服务商，主要是有一定数字化基础者积极从线上寻找可能的商业机会，进行各种试错实验。西安卓恒国旅尝试基于ZOOM进行旅游直播；北京赫默科技（LETS）尝试开展跨境电商，向海外入境客户销售瓷器、茶叶等中国特色产品；聚焦于美食旅游的Lost Plate尝试开设线上美食课程，并销售相关美食制作料包。这些尝试虽然大都因为收益效果不佳而被

---

① 联合国产业发展组织网站. The COVID-19 crisis and digital transformation：what impacts on gender equality？2021. https://www.unido.org/stories/covid-19-crisis-and-digital-transformation-what-impacts-gender-equality

放弃，但正是这些转型尝试，让入境旅行服务商最终找到适合自己的生存策略，发现新的可能的赢利点。另外，这些尝试也让我们看到，将旅行业务全部转向线上在当前是不切实际的。旅游服务的本质在于为游客带来生动的体验，这需要线下面对面的接触，需要有具体的旅游场景。

2. 数字化助力产品和商业模式创新

疫情暴发后，入境接待业务的暂停迫使行业从业者思考未来的可能出路。他们急切地想要解决个人如何再就业以及业务如何转型等问题。在入境旅游被迫"中断"的背景下，问题的解决在于挖掘和满足国内旅游者的潜在需求，并兼顾未来入境游客的需求。这需要研发新的旅行产品，采用新的商业模式。云游天下（北京）科技有限公司（以下简称"云游天下"）和北京京骑文化传播有限公司（以下简称"京骑文化"）就是此类创新创业的代表，他们的创始人里都有资深外语导游。在这些创业创新实践中，数字技术和工具在这些创业创新实践中扮演着关键角色，甚至可以说，没有数字技术和工具的应用，这些新产品或商业模式就无法实现，或者不够成熟。云游天下基于国内游客对高质量导游讲解内容，以及非接触服务的需求，通过"共享好导游"线上数字平台（APP 和小程序），为国内游客提供高性价比的真人语音讲解服务，为广大导游，尤其是入境导游提供就业机会，促使导游回归本职工作，突出旅行服务中讲解服务的专业性。京骑文化则从入境游客非常熟悉的骑行产品入手，挖掘国内游客在这一方面的都市文化、休闲需求。手机 APP 和小程序的应用满足了导游在骑行途中为游客提供讲解服务的业务要求，并为潜在用户提供骑行线路预订、衍生产品购买、游客评价等服务，在作为营销和销售渠道的同时，兼具社交属性。

二、多元化业务布局对抗外部风险

在全球经济复苏势头放缓的形势下，持续的通胀和地缘政治冲突进一步增加了全球经济的不确定性，企业经营面临的外部风险显著增多。目前仍活跃在一线的入境旅行服务商及新进入者的经验均表明，企业服务客群及业务的多元化可有效帮助企业应对当前的疫情影响。未来的入境旅行服务商需要有同时服务国际和国内游客的能力，这种能力的构建可通过提供更精细化的、国内和国际游客均有需求的产品和服务来实现，如骑行、美食、研学、考古、探险等体验性更强的旅行产品。另外，市场主体更加有意识地开发主营业务周边衍生的服务和产品，如京骑文化与三毛游合作，不仅向导游提供在线培训服务，还成为骑行所用助力自行车的代理商，增加出租和销售助力自行车的业务板块。

三、以业务转型和市场转向谋求新的发展空间

少数入境旅行服务商基于自身已有的优势，转向服务国内旅游市场，根据新的客户需求调整业务内容。在广大入境游客无法进入中国的过去近三年里，有条件的入境旅行服务商持续调整业务内容以更好地服务于国内旅游需求。对于本身同时拥有国内或者出境旅游业务的旅行服务商，如中旅旅行，其入境团队与国内旅游业务部门合作，参与甚至主导定制旅游产品的研发、相关业务操作等，做好入境旅游产品和服务内容的储备工作，未来，这些产品和服务业也将面向入境游客推出。在华生活的外国人成为少数入境旅行服务商的主要服务对象。HiChina Travel 基于已有的用户基础，将主要服务对象转向在华外国人，根据其需求，拓展服务内容，不仅有机票预订、国内行程安排等旅行服务，也有协助核酸检测、疫苗认证，甚至购物、快递等综合管家服务。专注美食旅游的 Lost Plate 同样将服务对象聚焦于在华外国人，并根据客户需求将产品从以往碎片化的美食旅游产品调整为国内"一程多站"的长线旅游服务。入境旅游服务商还积极发挥专业才干，承办对外旅游推广项目和活动，助力中国旅游目的地的线上线下推广工作。如中旅旅行承办了2022年驻华外交官"发现中国之旅"，策划设计了"中国旅游课程项目"，由驻外文化和旅游机构在"中国文化旅游周"上面向全球发布，为众多海外

从业者和旅游"达人"开展来华旅行经营提供专业培训。

四、以管理创新增强组织韧性

目前,我国入境旅游签证仍然没有放开,为来华观光、休闲、度假游客提供旅行服务的广大市场主体依然面临较大的生存压力和存续风险。综合自身基础和外部环境变量,绝大多数入境旅行服务商采取"休养生息"的策略,以各种方式尽力留住核心骨干人员,等待入境旅游的"春天"。

1. 对内留住核心骨干,对外维系客户关系,储备发展实力

在过去近三年时间里,入境旅游业务持续处于停滞。鉴于入境游客,尤其是团队游客与国内游客需求存在较大差异,大多数入境旅行服务商很难成功转向国内旅游市场。不少旅行服务商,如国华假日(北京)旅行社曾在疫后初期尝试在国内开展他们比较擅长的长线业务,但由于此类业务需要的计划、组织周期比较长,容易受疫情防控形势影响,运营成本过高而不得不暂停。在企业营收大幅缩水的情况下,企业只能尽可能地压缩不必要支出,进一步减少用工成本,保障核心骨干人员的基础薪资和社保支出,保存实力。部分入境旅行服务商通过相关业务来维持核心骨干人员的工作和薪资。例如,环球运通(北京)国际旅行社通过高星级酒店预订业务板块,西安卓恒国际旅行社通过线上辅助所属集团(Wendy Wu Tours)在英国和澳大利亚分公司的业务等方式来维系核心骨干员工。在留住核心骨干的同时,他们持续与之前的外方组团社定期保持联系,跟踪客源市场的最新动态。

2. 以积极的心态拥抱数字经济

对于当前众多没有营收的传统入境旅行服务商而言,数字化基础薄弱,现阶段进行数字化转型不切实际,但需要规划未来的数字化转型,借用这个空档期以积极的心态学习有关数字化转型的知识,了解企业可用的数字技术和工具,为之后的数字化转型做足功课。数字化转型不简单地等于更多地使用数字技术和工具,而是重新思考企业的业务流程,利用数字技术和工具来优化业务流程，提高组织效率。对于绝大多数中小微入境旅行服务商而言，可将数字化重心优先放在核心业务流程，即对客服务上，通过客户关系管理系统、OTA平台、自有网页、社交平台等数字工具强化与潜在入境游客的联系，扩宽营销和推广渠道，积累用户数据，密切跟踪用户需求变化，不断调整服务内容和方式。Lost Plate在各个业务流程都进行了不同程度的数字化，可为众多小微旅行服务企业进行数字化转型的范本。有能力的入境旅行服务商在此基础上可进一步考虑数字供应链的建设，加强与上游和下游合作商的供应链接，接入大量小微企业，提升资源整合和分配的效率，将在客观上促进整个入境领域的行业数字化水平。

第四章
复苏和回暖的政策窗口逐步打开

第四章　复苏和回暖的政策窗口逐步打开
Chapter 4　The policies for recovery and recovery was gradually issued

虽然入境旅游依然基本处于停滞状态，但促进入境旅游发展的各项工作并没有停摆。伴随入境旅游签证、隔离政策逐步放开，国际航班的逐步恢复，入境旅游恢复和发展的政策环境正在优化。各级政府和文旅部门积极作为，对"十四五"期间入境旅游发展的目标、方向和基本策略进行全面部署。与客源市场各方保持密切联系，"拉手不放手"，不断创新旅游目的地推广的形式和内容。继续推进世界级旅游目的地建设，构建更加完善的目的地接待体系服务，客观上改善了入境旅游目的地的接待环境。完善和落实针对入境旅游企业的纾困政策，为行业留住更多市场主体。未来一段时期内，伴随国际航班的持续恢复、入境签证和隔离政策的有序放宽，入境旅游进一步有序恢复，进一步促进商务旅行市场的恢复，试点放开团队入境旅游，对外继续讲好中国故事，激发海外民众来华兴趣，对内持续推进世界级旅游目的地建设，助力市场主体数字化转型，为行业发展储备专业人才。

一、入境旅游恢复和发展的政策环境正在优化

在疫情防控更加科学化和精准化的趋势下，我国入境隔离、签证政策进一步放开，伴随国际航班的恢复进程加快，2022 年下半年入境旅游的利好政策频出，为我国入境旅游有序恢复释放积极信号。

我国基于疫情形势的变化、病毒变异株的特点以及前期的试点研究，结合防控工作的经验教训，持续调整疫情防控方案。根据 2022 年 6 月底发布的《新型冠状病毒肺炎防控方案（第九版）》，入境非"四类"人员的隔离管控时间由之前的"14 天隔离医学观察 +7 天居家健康监测"缩短为"7 天集中隔离医学观察 +3 天居家健康监测"。与此同时，根据国务院联防联控机制部署，中国民用航空局从 8 月初开始对国际定期客运航班的熔断规定再次进

行调整，[①] 触发熔断的门槛进一步提高，对于乘客人数更多的航班和远程国际航线更加友好。继 2020 年 3 月暂停外国人持有效来华签证和居留许可入境以来，我国根据国内外疫情形势，多次调整入境签证政策（见表 4–1），从允许符合要求的澳门居民免隔离进入内地，到允许持三类（中国工作类、私人事务类和团聚类）居留许可的外籍人士入境，再到 2022 年最新的入境签证政策。2022 年 6 月以来，根据我国多个驻境外使领馆发布的消息，我国放松了来华工作、商务、探亲、留学等人员的签证申请条件。自北京时间 2022 年 8 月 24 日起，我国允许持有效亚太经济合作组织（APEC）商务旅行卡和中国学习类居留许可的外籍公民入境，并逐步恢复留学生签证申请。同时，根据 8 月 31 日开始启用的第九版《中华人民共和国出／入境健康申明卡》，我国取消入出境人员核酸检测信息、既往感染情况、疫苗接种日期的申报要求。

表 4–1　疫情暴发以来我国入境签证政策的调整情况

起始时间	入境签证调整内容
2020 年 3 月 28 日	暂时停止外国人持目前有效来华签证和居留许可入境，同时暂停各种优惠签证政策，这包括 APEC 商务旅行卡、口岸签证、24/72/144 小时过境免签、海南入境免签、上海邮轮免签、港澳地区外国人组团入境广东 144 小时免签、东盟旅游团入境广西免签等政策
2020 年 8 月 12 日	允许符合防疫要求的澳门居民，可凭 7 天内核酸检测阴性证明或包含 7 天内核酸检测阴性信息的"健康码"免隔离入境内地
2020 年 9 月 28 日	允许持有效中国工作类、私人事务类和团聚类居留许可的外国人入境
2020 年 11 月 5 日	暂停持有效中国签证和工作类、私人事务类、团聚类居留许可的外籍人士入境
2021 年 9 月 2 日	部分国家持有效中国工作类、私人事务类和团聚类居留许可的外籍人士可免于重新办理签证入境
2022 年 6 月 6 日	来华就业的外籍人士及其家属无须申请来华邀请函，可直接凭工作许可通知等材料向中国驻外领事馆申请工作签证，其随行家属可直接凭亲属关系证明等材料向中国驻外领事馆申请家属签证入境
2022 年 8 月 24 日	允许部分国家公民持有效 APEC 商务旅行卡和学习类居留许可入境，并逐步恢复留学生签证申请

[①] 对确诊旅客人数达到 5 例的航空公司单一入境航班，当确诊旅客占比达到该航班入境旅客人数 4% 时，暂停运行 1 周；当确诊旅客占比达到该航班入境旅客人数 8% 时，暂停运行 2 周。

二、入境旅游发展的行动方向和促进措施更加明确

入境旅游业的全面恢复还需时日，各级政府和文旅部门靠前谋划，制订了"十四五"期间更加具体、务实的旅游业发展规划。"十四五"是我国基本建成世界旅游强国的关键时期。2021年底，国务院印发的《"十四五"旅游业发展规划》指出，到2025年，我国旅游强国建设要取得重大进展。入境旅游接待规模和国际旅游收入始终是衡量一个国家旅游业综合实力和国际旅游竞争力的基础指标，促进入境旅游的恢复与发展是"十四五"期间各级政府和文旅部门的重点工作内容，通过制定具体的入境旅游促进策略，持续为入境旅游市场的有序恢复营造良好的政策环境，为市场主体和从业人员带来信心和希望。

《"十四五"旅游业发展规划》为未来一段时期的入境旅游发展指明了行动方向。其中明确提出要"在国际疫情得到有效控制前提下分步有序促进入境旅游"，并从健全入境旅游宣传推广体系、丰富入境旅游促销产品供给、提升入境旅游服务质量、推进入境旅游便利化四方面提出入境旅游促进行动。《"十四五"旅游业发展规划》为不离不弃旅游行业的坚守者带来信心和希望。2022年8月，中办、国办印发的《"十四五"文化发展规划》站在扩大中华文化国际影响力的高度，以深化中外文明交流互鉴的视角，提出要实施"美丽中国"旅游全球推广计划，建设一批国际旅游枢纽城市和重点旅游城市，培育一批入境旅游品牌和国际旅游精品产品。可见，入境旅游已成为对外讲好中国故事的重要载体、途径和手段，肩负着深入推动中外文化交流和文明对话，展现更加可信、可爱、可敬的中国形象的重要任务。

自2021年5月《浙江省旅游业发展"十四五"规划》发布以来，全国31个省、市、自治区在2021、2022年间陆续发布"十四五"期间文化和旅游（融合）发展规划，浙江、湖南、湖北、辽宁等部分省份发布旅游业发展规划。无一例外，入境旅游是这些规划的重要内容，围绕签证便利化、入境旅游产品和线路研发、对外旅游推广、相关公共服务配套、对外人文交流、区

域旅游合作、公私部门合作七个方面,明确了入境旅游发展的具体促进策略。

一是积极推进入境签证便利化。浙江省、江西省提出要加强国际空港口岸建设,上海市要探索对医疗旅游者、非学历研学旅游者的往返签证创新政策,甘肃省和广西则要在过境免签政策上实现突破。二是设计入境旅游产品和线路。北京市要推出冬奥主题精品旅游路线,四川省要培育世界自然与文化遗产游、大熊猫生态文化游、318/317 最美景观大道游、三国蜀汉文化游等国际精品旅游线路,辽宁省要在世界遗产、自然生态、海洋度假等方面突出产品的资源优势。三是建立健全国际旅游推广体系。湖南省、江苏省、山西省、贵州省、内蒙古等多地均提出要在海外建立旅游推广中心或营销中心,这将为进一步完善我国对外旅游推广体系。四是进一步完善相关公共服务。上海市提出要推动通信、金融机构启动开放外卡移动支付服务,四川省要建立健全入境游客投诉机制,河南省、青海省和宁夏等地都提出要在公共场所提升多语种服务水平。五是加强和改进人文交流,带动中国文化"走出去"。河北省鼓励利用友好省州和友好城市平台,云南省要建立与周边国家文化和旅游部门互访和经常性联系机制,安徽省要积极宣传推介黄梅戏、徽剧等优秀传统文化艺术,甘肃省开展全球青少年文化交流和文化志愿者服务行动。六是创新区域旅游合作。海南省要建立西部陆海新通道城市旅游合作机制,陕西省提出建立完善丝绸之路区域旅游合作机制,河北省提出要用好长城、冰雪、大运河等主题的旅游推广联盟,吉林省提出要串联边境口岸。七是加强公私部门合作。北京市要加强与国际旅行商、酒店集团、航空公司合作,宁夏将加强对入境旅游公司和导游群体的教育培训,江苏省鼓励在线旅游平台企业和旅行社加强自主外联,四川省支持企业参加重要国际旅展和境外营销推广活动。

三、对外推广和目的地建设更加务实高效

虽然疫情阻断了大规模的国际旅游往来,但与潜在客源市场的沟通与联

系从未停止，这既体现在高层会晤和对话对国际旅游交流合作的重视，也体现在主动面向客源市场开展多形式的旅游推广活动。与此同时，对内积蓄力量，聚焦国际旅游目的地建设，落实市场主体纾困政策，为入境游客的到来做好接待准备。

1. 国际旅游交流合作持续是高层会晤、对话的重要内容

2022年，我国克服各种困难挑战，胜利举办冬奥会、冬残奥会，受到国际社会的积极评价。蕴含中华文化元素的冬奥场馆、活泼可爱的"冰墩墩"和"雪容融"、喜庆欢乐的中国新年，都展现出中国的大国形象和大国风采，成为未来吸引入境游客的重要名片。国家主席习近平在会见厄瓜多尔总统拉索、波兰总统杜达、摩纳哥元首阿尔贝二世亲王等外国领导人时，也都提出要加强或扩大旅游领域的合作。此外，在我国2022年以来的双边外交和多边外交活动中，多次谈到旅游的交流与合作（详见表4-2），为未来入境旅游的恢复和发展营造良好的国际环境。

表4-2 双边外交和多边外交活动中的国际旅游合作（部分）

序号	时间	主题	相关内容
1	1月26日	《中国同中亚五国领导人关于建交30周年的联合声明》	扩大地方、科学、文化、旅游、媒体、智库、青年、体育等领域交流
2	6月24日	《金砖国家领导人第十四次会晤北京宣言》	我们认识到旅游业复苏的紧迫性和增加游客互访量的重要性，将进一步加强金砖国家绿色旅游联盟工作，采取措施，打造有韧性、可持续、包容的旅游业
3	7月26日	《中华人民共和国和印度尼西亚共和国两国元首会晤联合新闻声明》	双方将加快恢复包括印尼留学生返华复学在内的人员往来，增加直航航班，密切教育、旅游、青年、地方等领域合作
4	9月14日	《中华人民共和国和哈萨克斯坦共和国建交30周年联合声明》	✓ 双方愿进一步密切旅游领域合作 ✓ 双方将全力恢复两国留学生交流，在确保疫情防控的前提下，采取措施保障学生返校 ✓ 中方对哈方为中国公民实施14日入境免签政策表示赞赏，愿为哈公民赴华提供便利

续表

序号	时间	主题	相关内容
5	9月15日	《中华人民共和国和乌兹别克斯坦共和国联合声明》	✓ 双方强调,旅游对保障经济福祉,增进友谊和相互理解,推行改革具有特殊意义,支持进一步全面发展旅游合作 ✓ 根据疫情形势适时恢复游客往来,为发展旅游业创造条件
6	9月15日	《中华人民共和国和白俄罗斯共和国关于建立全天候全面战略伙伴关系的联合声明》	✓ 双方将扩大教育、文化、旅游、影视、体育、媒体等领域合作 ✓ 双方将增进两国旅行社间交流
7	9月16日	《上海合作组织成员国元首理事会撒马尔罕宣言》	✓ 成员国将继续加强文化、科技、教育、人文和旅游领域合作 ✓ 成员国强调,进一步发展旅游领域合作具有重要意义 ✓ 为支持上合组织旅游业、提升地区和城市的旅游吸引力,成员国商定2023年为"上合组织旅游年"

2. 不断创新对外旅游推广的方式和内容

在疫情影响下,我国对外旅游推广无论从形式还是内容上也在不断地守正创新。相较于过去两年,伴随国际疫情形势的好转,对外旅游推广活动增加了线下环节,普遍采用线上、线下相结合的形式。2022年,我国和意大利重启了"中国意大利文化和旅游年",通过线上、线下相结合的方式在意大利成功举办系列活动,推进两国人民相互了解、增进友谊。每年的海外"中国旅游文化周"如期举行,2022年围绕"非遗减贫""乡村振兴""城市建设""黄河文化""丝路文旅"五大主题板块,面向海外公众集中举办专题展览、视频展映、研讨交流等线上线下活动。地方对外旅游推广活动更具主题性和凝聚力。2021年底到2022年初,中外文化交流中心联合相关省市文旅部门,与海外中国文化中心和驻外旅游办事处共同组织开展北方冰雪旅游海外推广季,随后又联合相关省市文旅部门共同组织开展大运河主题旅游海外推广季,在全球主流社交媒体上,面向海外民众开展数字旅游营销。在城市成为越来越独立的国际旅游目的地的当前,城市旅游推广部门也在不断创新海外旅游推广的方式和内容。三亚市旅游推广局与外籍 KOL 合作，开展主题营销活动"歪果仁趣三亚"，通过视频和直播等方式向海外受众传递三亚开放、友好的城市形象等。北京市举办第二届"爱上北京的 100 个理由"短视频征集大赛，面向与北京有过交际的外国人进行征集，通过外国人的视角展现北京的独特魅力，充分利用用户生成内容（UGC）开展线上营销推广活动。

除了与潜在客源市场保持联系，激发其来华旅游兴趣，我国还通过国际旅游博览会、交易会等形式，为国内外旅行服务商保持交流与合作搭建平台。2022 中国—东盟博览会旅游展、第二届中国（宁夏）国际葡萄酒文化旅游博览会、2022 中国国际旅游交易会、2022 亚洲海洋旅游发展大会等会展活动在推广我国旅游目的地的同时，也促进了国内外旅游服务商、供应商的相互交流、洽谈和交易。为更准确地向海外旅行服务商和从业人员介绍中国旅游的实际情况和潜在旅游商业机会，2022 年 9 月，我国还面向全球正式发布了"中国旅游课程"多语种学习平台，向海外旅行服务商和从业者系统介绍中国旅游概况、经典目的地、主题旅游线路、入境旅游企业、实用旅行指南等内容，推广"云游"线路，发布优质旅游产品。

3. 加快布局世界级旅游目的地建设

打造世界级旅游目的地是建成世界旅游强国的重要保障，也是吸引入境游客的核心旅游资源。《"十四五"旅游业发展规划》明确提出要建设一批富有文化底蕴的世界级旅游景区和度假区。在全国 5A 级旅游景区中，张掖七彩丹霞旅游景区率先启动创建世界级旅游景区，在积极搭建景区国际交流平台等多个方面下功夫。各地政府也纷纷结合自身优势，坚持高举高打、放眼国际，如广东、广西、山西、湖北、湖南、贵州、四川、重庆、海南、上海、云南、西藏等省区市都相继提出了打造世界级旅游目的地的目标。《"十四五"旅游业发展规划》还明确提出要支持桂林等地建设世界级旅游城市，广西壮族自治区人民政府办公厅印发《支持打造桂林世界级旅游城市若干政策措施（试行）》，通过生态环境保护、智慧城市建设等 31 条具体举措，进一步将建设目标落地落实落细。还有部分省市充分挖掘地域特色，通过区域合作进行联合打造。重庆市和四川省通过统筹区域山水相连、历史同脉、文化同源、资源禀赋突出等特征，打造国际范、中国味、巴蜀韵的世界级休闲旅游胜地。粤港澳三地通过加强在公共文化服务、青少年文化培育、历史文化资源保护利用等方面的交流合作，加快建设大湾区文化圈和世界级旅游目的地。这些世界级旅游目的地的建设在更好地满足国民需求旅游休闲、度假需求的同时，也将提升我国旅游供给的国际化水平，助力入境旅游高质量发展。

4. 积极落实助企纾困帮扶政策

疫情对旅游企业的冲击十分巨大，获客渠道的收窄使得企业在资金链上面临断裂的风险。在常态化疫情防控的背景下，国内旅游尚且还能在报复性消费和突发性阻断中艰难地恢复，但以入境旅游业务为主的市场主体仍在经受寒冬。为帮助旅游市场主体纾困解难，国家以及地方也出台了一系列政策。2022年2月18日，国家发改委等14个部门出台《关于促进服务业领域困难行业恢复发展的若干政策》，提出继续实施旅行社暂退旅游服务质量保证金扶持政策等7条措施，帮助旅游业纾困。5月24日，国务院印发《扎实稳住经济一揽子政策措施的通知》，重点提出对符合条件的"餐饮、住宿、旅游行业中小微企业"要用好政府性融资担保等政策，鼓励银行向文化、旅游、餐饮、住宿等其他受疫情影响较大的行业企业发放贷款。文化和旅游部办公厅在3月30日还专门下发通知，推出了做好普惠性减税降费政策在旅游业领域的落地服务等10条措施，增强旅游企业的政策获得感。

在此带动下，各省、市、自治区也先后出台本地的旅游行业纾困扶持政策。令人欣慰的是，很多地方都把入境旅游领域的市场主体作为重点纾困扶持对象，主要体现在以下两个方面。一是对此前的入境市场主体翘楚给予补助，如海南省、云南省、湖南长沙市等地出台政策，对疫情之前接待入境游客数量靠前的旅行社给予纾困或专项奖励，给这些旅行社"补血"，协助渡过难关和促进恢复发展。二是对本年度招徕入境游客业绩突出的市场主体给予奖励，如河北衡水市、浙江余姚市、江西抚州市、海南临高县、山东青岛市和临沂市等地出台奖励办法，对2022年接待入境游客达到一定数量的旅行社或酒店给予相应数额的奖金激励。

四、促进入境旅游有序恢复的政策建议

2022年10月以来，东方航空、中国国航、南方航空、海南航空等多家航空公司宣布将陆续新开、恢复及增班多条国际航线，涉及亚洲、欧洲、美洲等多个航点，票价与此前相比也呈下降趋势。在统筹疫情防控成果和社会经济发展的原则下，在已有利好入境旅行政策的基础上，在疫情得到有效控制的前提下，入境隔离政策还能进一步优化，航班熔断政策还能进一步调整，来华签证还能进一步便利，入境旅游正在有序恢复。入境旅游管理、营销和研究部门需继续探索入境旅游市场有序恢复的可能方案和路径。优先关注与商务旅行密切相关的客源地和客源市场，持续推进商务旅游市场的恢复，讨论逐步恢复入境旅游签证，试点来华团队旅游。各级政府部门需继续与客源市场保持密切联系，做好对外旅游推广工作，对内针对行业生态重建，推动市场主体数字化转型，培养新型专业人才。

1. 进一步便利来华商务旅行

商务旅行作为我国经济国内国际双循环发展格局中的重要环节，对我国经济的可持续发展具有重要作用。2022年下半年，我国政府会议及文件中多次提到要促进商务人员往来。八月和九月的国务院常务会议上，明确提出要便利商务人员的入境。10月底，国家发展改革委等部门发布的政策文件[①]中，也明确提出各地要充分利用中外人员往来的"快捷通道"，为国际商务人员及家属来华提供便利。商务旅行将是近期及未来一段时间促进入境旅游市场恢复的主力支撑。未来，可在恢复APEC商务旅行卡签证的基础上，基于我国贸易和投资的主要合作伙伴，如"一带一路"沿线国家和RCEP成员经济体，便利来华商务旅行，进一步简化商务签证手续，如采取线上提交申请材

---

① 文件全名为《关于以制造业为重点促进外资扩增量稳存量提质量的若干政策措施》。

料，缩短审批时间等。

边境旅行作为边境地区商贸往来的重要通道，推动其逐步恢复将直接促进我国边境地区的贸易往来。政府部门正在为未来恢复边境旅游提供政策储备。2022年9月，文化和旅游部会同外交部、公安部、海关总署和移民局等五部门研究起草了《边境旅游管理办法（修订征求意见稿）》，提出要放宽边境游审批限制，明确边境旅游团队可以灵活选择出入境口岸等。在这一政策基础上，未来可选择试点，逐步恢复边境旅游。

2. 试点局部恢复入境团队旅游

从全球范围来看，2022年，伴随更多国家/地区纷纷取消与疫情相关的所有入境限制，全球入境旅游恢复步伐加快，在我国入境旅游签证恢复之前的这段时期里，我国在国际旅游市场上的形象，在区域及全球旅游竞争格局中的地位或将受到影响。短期内，周边旅游目的地国家的入境旅游恢复形势将好于我国，甚至对我国入境旅游形成一定替代。对此，我们要有危机意识。考虑到入境团队游客的旅行线路为事先规划，游览轨迹容易追踪，可优先考虑放开入境团队旅游，针对某一（几）个客源市场，允许其居民组团到访我国特定的旅游目的地省市。2022年9月底，澳门特别行政区宣布开放"4省1市"的赴澳旅行团，逐步允许广东、浙江、福建及上海市的居民组团赴澳门旅游。后续伴随内地入境隔离政策的逐步放宽，内地赴澳旅游必将迎来爆发式增长。反过来，我们也有理由率先开放澳门赴内地的组团游，试点放开澳门居民组团到访内地部分省市。

3. 通过故事化的内容打动海外民众

党的二十大报告中指出："增强中华文明传播力影响力，坚守中华文化立场，讲好中国故事、传播好中国声音，展现可信、可爱、可敬的中国形象，推动中华文化更好走向世界。"2020年，发生在我国云南的野生亚洲象远距离迁徙活动，引起国外媒体和公众的广泛关注，圈粉无数。2022年的冬奥会和冬残奥会的吉祥物"冰墩墩"和"雪容融"成为顶流，收获大批世界各地的粉丝。要及时挖掘类似的正面案例和百姓生活，以"小切口"呈现"大场景"、构建"大宣传",时尚化、立体化、多视角地展示我国形象,传递中国文化的世界意义和现代价值。通过图像、动画、短视频等全球通用的视听语言开展传播,采用故事化的表述方式,增强叙述内容的人情味和趣味性。加强和国外媒体的沟通合作,让海外主流媒体报道中国美景,让外国友好人士讲述中国文化,让在华外籍人士分享中国生活。在海外社交媒体主动设置来华旅游话题,加强和国外受众尤其是年轻族群的互动交流,引导我国网民和海外华人华侨以积极、健康的方式共同参与。充分发挥地方政府、文旅部门以及相关企业的主观能动性,形成营销宣传矩阵,合力提高国际传播效能。从区域空间视角对入境旅游市场进行细分,紧扣各细分市场的文化特点和消费习惯,依托海外中国文化中心和驻外旅游办事处、孔子学院和孔子课堂、中资企业,针对不同的客源地讲述不同的故事,持续推进一国(区)一策。

4. 增加对市场主体数字化转型的支持和帮扶

人们生产生活的时间和空间被疫情随机分割,人民生活、企业生产、社区治理、沟通交流、贸易往来等在疫情的影响下都在加速数字化转型。伴随数字化浪潮的席卷而来,数字化转型不再是企业面临的选择题,而是必修课。对于包括入境旅游在内的旅游企业而言,使用数字化工具可以更有效地吸引潜在游客群体,尤其是青年人群体,还能提高企业运营效率和资源配置效率。但对于入境旅游企业而言,尤其是在市场主体中占绝大多数的中小微企业,数字化转型存在资金短缺、内生动力不足、技术能力不够等方面的挑战,还需行业主管部门、行业协会进一步给予支持和帮扶。

2022年文旅部公布了一批数字化创新实践案例,取得了较好的示范效应。未来可以通过专项项目的形式,为入境旅游企业数字化转型提供更加全面的帮扶。如韩国文化体育观光部和韩国观光公社设计了一个名为"旅游行业数字转型支持项目"(Digital Transformation Support Project for Travel Sector),在2022年遴选了140家中小旅行社加入该项目,给予2000万~5000万韩元的资金支持,在数字客户管理、数字产品开发、在线营销等方面提供持续性的专家指导。通过绩效考核的旅行社不仅在2023年会继续得到项目支持,还将获得额外奖励。

5. 继续强化专业人才的培训和培养

疫情让旅游业遭受重创,加速了专业人才的流失。一方面旅游企业为了降低运营成本而不得不减薪、裁员,另一方面从业人员迫于生活压力而不得不转型、转行。疫情让人们对旅游业,尤其是国际旅游业的脆弱性印象深刻,年轻人进入行业的积极性受到重创。入境旅游所面对的问题则更加严峻,企业培养多年的产品计调、市场营销和外语导游等人才的流失是行业难以承受之重。

任何时候,人都是最宝贵的资源,只要队伍还在,就没有旅游业无法战胜的困难,就一定能迎来入境旅游的全面恢复和产业的繁荣。一方面对仍然留守在入境旅游的外语导游、业务骨干、管理精英来说,要全力做好对他们的关心关爱工作,用心、用情、用力解决他们的"急难愁盼"问题,不断提高行业的职业声望和社会地位。要通过学习交流培训等多种方式强化复合能力培养,不断提升他们新媒体宣传与推广、国际传播、产品研发与升级、应对游客行为转变、疫情防控等各方面的能力,为入境产业链的重新运转奠定专业人才基础。另一方面要引导开设有旅游管理类专业和外语类专业的院校进行入境旅游卓越人才培养,依托一流专业建设和一流课程建设,将数字化等行业前沿发展动态和实践技能有机融入课堂,为入境旅游的长远发展做好人才储备。

第五章
以城市个性提升国际旅游影响力

第五章　以城市个性提升国际旅游影响力
Chapter 5　Enhancing the influences in international tourism with the city's personality

城市越来越成为独立的入境旅游目的地，在我国入境旅游目的地系统中扮演着重要角色，发挥着关键作用，不少城市具有打造世界级旅游目的地的潜力。为更好地发挥城市在推动入境旅游目的地建设、入境旅游市场的有序恢复及对外开展旅游推广等方面的重要作用，课题组开展了针对我国主要城市的国际旅游影响力评估。北上广深四个一线城市持续是我国最具国际旅游影响力的城市，西安、成都、武汉、珠海、厦门等地区中心城市及经济特区表现较好，三亚、丽江、黄山等旅游城市同样榜上有名。未来，需要继续城市个性进一步提升城市国际旅游吸引力，首先要重视城市旅游品牌个性的构建和传播，挖掘文化元素，保留和塑造城市个性，以此来提升城市旅游知名度，基于城市个性增加游客的体验价值，提高游客满意度和忠诚度。从长远来看，还要重视城市产业结构的转型升级，根据自身实际情况，将旅游优势转化为促进相关产业发展的有利条件，通过产业升级来丰富城市个性内涵，提高城市的国际旅游影响力。此外，城市作为对外旅游推广的重要主体，还需要结合城市个性特征，进一步挖掘相关文化元素，提升旅游推广质量。

一、城市是推动入境旅游发展的关键力量

1. 城市是入境旅游目的地的基本单位

城市是旅游目的地空间布局中的重要构成。城市旅游目的地凭借其丰富的休闲、观光、娱乐等资源，以及由住宿和交通构成的完善接待体系，在一国、区域或省级旅游目的地空间布局中占据着关键位置。国务院印发的《"十四五"旅游业发展规划》也直接体现出对城市旅游目的地的重视，规划提出要优化城市旅游目的地布局，基于城市特色、基础条件和发展潜力，分类建设旅游枢纽城市、重点旅游城市和特色旅游城市。其中，明确提出要支持部分城市，如桂林等建设世界级旅游城市。

对入境游客而言，在确定来华旅游之后，随即选择城市作为具体的旅游目的地。交通、住宿、各类票务等预订及旅游线路规划均以城市作为基本单位。为方便游客获取旅行信息、定购各类旅行服务产品，各大旅游预订、评论网站对旅游目的地的呈现也以城市为基本单位。入境旅游研究机构、媒体等对旅游目的地的排名除了以国家／经济体为单位，也多以城市为基本单位。

2. 城市是入境接待体系的关键节点

城市作为当地居民开展经济、政治、社会文化活动的空间，是入境游客体验异地生活、别样文化的主要驻留地。城市通常拥有相对密集通达的航空、铁路和陆路交通网络，是入境游客从一个城市到达周边地区及另一个城市的必经之地。城市在入境旅游空间网络布局中，在作为主要旅游目的地的同时，也是旅游集散中心，对区域内的次级城市和乡村地区产生辐射效应。

城市持续在我国入境旅游发展过程中扮演着关键角色。在我国入境旅游发展的初期阶段，北京、上海、广州、西安及桂林等城市是我国入境游客的主要到访地，这些城市代表着我国作为国际旅游目的地的最初形象。随着我国经济社会的持续发展，国家开放度的不断提升，深圳、厦门、珠海等经济特区城市，杭州、成都、重庆、武汉等区域中心城市的国际影响力不断提升，越来越多的入境游客开始认识并到访这些城市。

受新冠疫情影响，我国入境旅游被迫按下"暂停键"，需求更具刚性的商务旅游成为基础市场。在这一背景下，城市，尤其是商业中心城市更加是我国入境旅游的主要目的地。根据各地政府公布的统计数据，2020年，广州接待入境过夜游客最多，为210万人次，占我国入境过夜游客总量的26%。深圳（120万人次）和上海（104万人次）的入境过夜游客接待量分别位居第二和三位，分别占全国总量的15%和13%。

3. 城市是对外开展旅游推广的重要主体

城市作为核心入境旅游目的地和中转地，为吸引更多入境游客到访，积极开展对外旅游推广工作，是我国对外开展旅游推广的重要主体。我国地理面积辽阔，地域差异较大，各地特色迥异，在境外进行旅游推广时，不仅需要从宏观层面上进行国家旅游品牌营销，更需要从更加微观层面上开展精细化营销。城市作为入境游客眼中的基本旅游目的地单位，是开展精细化营销的核心主体。

事实上，越来越多的城市正在更加重视对外旅游推广工作，深入参与国际旅游交流与合作。三亚市积极探索体制机制创新，在2020年成立了专门的旅游推广机构——三亚市旅游推广局，在全球范围内选宣传和推广三亚旅游，开拓国内外客源市场。已有数据显示，三亚在过去一年里的资讯热度和搜索热度均比较高，远高于丽江、黄山等典型旅游城市。一定程度上说明三亚市更加专业的对外旅游推广组织和活动正在进一步提升三亚在国际旅游市场上的知名度。三亚市旅游推广局作为首个专业化的城市旅游推广机构，有望打造城市开展旅游目的地营销工作的样本，为其他城市提供经验和借鉴。

二、城市国际旅游影响力比较

为更好地发挥城市在推动入境旅游目的地建设，提升对外旅游推广质量，促进入境旅游恢复等方面的重要作用，课题组系统开展了针对我国主要城市的国际旅游影响力评估，即城市吸引入境游客到访的能力。围绕入境游客"行前—行中—行后"这一到访和消费流程，构建评估体系，来反映一个城市受入境游客欢迎和喜爱的程度。这一评估结果（见表5-1）将直观地呈现出近期各个城市在我国入境旅游接待体系中所处的相对位置，从客观反映城市旅游推广的绩效，为城市进行国际旅游目的地建设和对外推广工作提供摸底数据，识别短板，确定未来一段时期内要提升的领域和方向。

1. 北上广深城市名列前茅，西安、成都等地区中心城市领先

与2019年的情况一致，北上广深四个一线城市作为我国重要的经济中心城市，其国际旅游影响力继续位列前茅。这与其发达的交通、频繁的国际商务往来及较高的城市国际知名度直接相关。西安和成都分别作为西北和西南地区的区域中心城市，加之较强的旅游IP（千年古都、熊猫之乡），挤进我国城市国际旅游吸引力排名的前十。

城市的优势各不相同。大多数城市在信息热度、访客规模和游客评价三个方面均具有一定的优势。珠海、黄山和福州则主要凭借较高的访客规模进入国际旅游影响力排名的前二十；哈尔滨凭借相对较高的信息热度跻身排名前二十。武汉、南京、天津和青岛的游客评价得分相对较低；而昆明在过去两年里的入境游客接待量相对较低。

表 5-1 城市国际旅游影响力排名情况

排名	国际旅游影响力	信息热度	访客规模	游客评价
1	上海	北京	广州	北京
2	北京	上海	深圳	上海
3	广州	西安	上海	成都
4	深圳	广州	厦门	三亚
5	西安	深圳	珠海	丽江
6	厦门	武汉	武汉	西安
7	成都	杭州	福州	苏州
8	武汉	南京	北京	贵阳
9	珠海	成都	黄山	拉萨
10	苏州	昆明	苏州	杭州
11	三亚	重庆	成都	厦门
12	杭州	苏州	西安	北海
13	南京	天津	青岛	南昌
14	丽江	三亚	天津	呼和浩特
15	天津	哈尔滨	杭州	广州
16	黄山	青岛	汕头	昆明
17	昆明	郑州	长春	长沙
18	青岛	无锡	南京	深圳
19	福州	厦门	三亚	西宁
20	哈尔滨	桂林	重庆	桂林

2. 信息热度与城市政治、经济地位密切相关

城市旅游信息热度与海外民众对城市及城市旅游的熟悉度直接相关。北京和上海无疑是广大海外民众最熟悉的中国城市，广州和深圳作为我国重要的经贸中心城市，海外民众对他们的熟悉度也较高。这四个一线城市旅行的搜索指数最高，表明海外民众更多地搜索这些城市的相关旅行信息，赴这些城市旅行的潜在需求最高。直辖市及省会城市，如西安、武汉、杭州、南京、成都、昆明、重庆、天津、哈尔滨、郑州等同样具有较高的信息热度，这些城市作为区域政治、经济中心，往往是重要的国际国内交通枢纽，加上大部分城市还拥有鲜明的旅游特色，是入境游客在华旅行的重要目的地和中转地，其中，西安更是凭借庞大的在线旅行资讯量，进入城市旅游信息热度排名的前三名。苏州、青岛、厦门、无锡等城市较高的信息热度除了得益于特色旅游资源及地理位置优势外，城市较强的经济基础和外贸实力吸引大量国际商务游客关注。相比之下，三亚、桂林等城市则主要依靠旅游特色获得较高的旅游信息热度。

3. 疫情使入境旅游目的地城市的竞争格局有所调整

珠三角、长三角地区的经济中心城市广州、深圳、上海的入境游客接待规模位居全国前三名。与广州和深圳类似，珠海由于地理位置优势，靠近我国澳门特别行政区，珠海的入境游客接待规模同样位居前列。根据各城市统计部门公布的2020年数据，港澳地区游客占广州、深圳和珠海入境游客的比重分别超过65%、75%和80%。其中，珠海主要依赖澳门地区游客，近六成的入境游客来自澳门地区。

入境旅游目的地城市的竞争格局与疫前相比有所调整。与2019年相比，重庆、桂林、昆明、长沙等城市的入境游客访客量排名出现明显下滑，而同期，厦门、福州、汕头这几个城市的排名有明显提升。这可能是由于在2020年全球疫情大规模暴发后，不少在中国有第二居所的外籍华人来华，厦门、福州、汕头作为我国著名的侨乡之都，自然成为他们到访的主要目的地城市。

4. 城市旅游评价呈分散化趋势

与信息热度和到访规模评价结果有所不同，旅游资源禀赋较好的城市，如三亚、丽江、拉萨、北海、桂林等城市的综合评价较高。与此同时，入境游客还比较青睐贵阳、南昌、呼和浩特、长沙、西宁等内陆省会城市，相对于东部沿海地区的经济中心城市，这些城市旅游特色鲜明，可进入性和基础接待设施越来越完善的同时，旅游价格水平相对更加低廉，旅游性价比更高。整体来看，大部分城市在景点、餐饮或者住宿某一方面具有显著优势。例如，入境游客对拉萨、桂林等城市的景点评价非常高，但对餐饮和住宿的评价较为一般。

三、以城市个性提升国际旅游影响力

1. 构建和传递生动的城市旅游品牌个性

世界级旅游城市首先要有独特、契合自身，且传播力好的城市旅游品牌个性。这一品牌个性与大众所认可的城市整体形象息息相关。城市旅游品牌个性首先表现为地标性的吸引物。如，北京的长城，成都的熊猫，西安的古城墙，桂林的漓江。他们是潜在入境游客一想到这个城市旅游就能直接联想的实物。旅游作为一种异地生活方式，旅游品牌的抽象气质则能凸显城市独有的个性，彰显不一样的生活方式。例如，世界级旅游城市威尼斯除了遍布城市的水道和古老建筑，还有沿着蜿蜒街道而上的咖啡馆、冰激凌店、纪念品商店等各色小商品。神秘和浪漫构成了威尼斯城市旅游品牌个性的抽象内涵。城市旅游品牌个性的实物载体往往对首次到访的游客产生吸引力，想去看一看，而被认同的城市旅游品牌个性的抽象气质则将促使游客反复到访。

城市旅游品牌个性的构建和传递是一个长期的、系统的动态工程。首先，这种构建需要以大众对城市形象的认知为基础，然后在这一基础上进行延伸和升华。城市旅游品牌个性既要有具体的实物标签，更要凝练出抽象的概念，吸引并留住一批忠实的入境访客。城市旅游品牌个性的构建还是一个动态的过程，需要根据城市最新发展实践，衍生出新的标签，并有效推广之，以吸引新的目标客群。

2. 全方位提升入境游客的体验价值

根据入境游客的到访轨迹，提升游客的体验价值，全面增加游客对城市个性特征的感知。在对外展现便利、友好等基本个性特征的同时，还要通过便利游客深度体验当地居民生活，增加他们对城市个性的感知，为之带来难忘的城市旅行体验。首先要提升入境游客的可进入性，改善机场、火车站等口岸设施，提升通关便利度，用好已有口岸签证、24/72/144小时过境免签、海南入境免签、上海邮轮免签、港澳地区外国人组团入境广东144小时免签、东盟旅游团入境广西免签等便利化签证制度。与航空公司保持密切联系，保障与主要客源城市之间较高的交通便利度。在入境游客停留期间，做好满意度调查，鼓励他们正当使用投诉渠道，为游客提供及时的安全、救援保障。定期跟踪游客的在线旅游评价，结合基于游客满意度调查、小组访谈等方式获得的游客反馈意见和建议，让入境游客感知便利、友好等基本层面的城市个性。通过完善语言标识、电子导览等方式，不断提升入境游客进入城市居民生活空间的便利度，让入境游客感受当地居民的本真生活和文化，增加对城市独有个性特色的认知，使带有城市独特个性的空间和场景构成入境游客的独特体验内容。定期对目标客源市场的游客反馈数据进行跟踪、分析和总结，根据入境游客认知反过来解构城市个性，更好地依托城市个性传递目的地的独特性，持续提高城市在入境游客眼中的立体感。

3. 基于旅游优势推动城市产业结构转型升级

城市的国际旅游影响力与城市的社会经济发展综合水平密切相关。这意味着城市国际旅游影响力不仅取决于城市的旅游发展实力，更取决于城市的综合实力。由于旅游业极易受突发事件，如新冠疫情的影响，以旅游业为支柱的国家、地区和城市的经济波动性相对更大，抗风险能力相对较低，整个经济系统的脆弱性更加明显。从长远来看，城市国际旅游影响力的提升离不开城市产业的转型升级及随之而来的城市综合实力的提升。尤其对于高度依赖旅游业发展的城市而言，城市产业机构的转型升级尤为重要。

对于生活闲适、环境优美的旅游城市而言，可以着力于将城市的休闲和舒适资源转化为科技创新的土壤，增加城市个性的内涵。通过各类促进政策将城市逐步打造成区域的创新创意中心。以世界知名旅游城市奥兰多为例，除了在迪士尼乐园等主题公园的带动下逐步发展成为一个旅游休闲城市，还依靠数字媒体、农业技术、航空、航天和软件设计创新发展等高新技术行业成为佛罗里达州的"硅谷"。法国知名度假城市尼斯凭借其近郊的科技园区，被称为"法国硅谷"。这些高新技术产业与旅游业的发展相得益彰，优美舒适的自然环境和完善的服务业配套设施吸引了高新技术人才的到来，高新技术产业的发展通过带动城市经济的转型升级，反过来为旅游基础设施建设和维护提供经济来源，并不断激活、扩大当地的旅游休闲市场。我国很多典型旅游城市可借鉴这种发展思路，谋划城市长远发展，丰富城市个性内涵，增加科技感，从根本上提升城市的国际旅游影响力。

四、挖掘文化元素提高旅游推广质量

城市作为对位旅游推广的重要主体，在旅游对外推广过程中，要进一步将中华文明、文化元素有机融入，凸显城市个性，创新对外旅游推广的内容。

1. 开发或利用已有文化 IP 丰富城市旅游产品和形象

文化 IP 一方面可以被用以衍生出新的旅游商品矩阵，另一方面可以成为城市旅游品牌个性的新内涵。新加坡为丰富当地旅游产品和形象，专门打造了一款文化 IP，从新加坡的象征性标志——"鱼尾狮"形象造型中汲取灵感而设计出"乐宾莱恩"（Luving Lionel）这一卡通形象，最初以毛绒玩具的形式出现在旅游景点的商店里，"乐宾莱恩"的系列形象产品还包括手提包、手机链、钥匙圈、瓷器等。

目前，除了已有的长城、故宫、熊猫、功夫等 IP 外，我国城市还可以通过有一定国内、国际影响力的文化 IP，基于这一 IP 衍生出文化旅游产品，配合丰富的线上、线下营销活动，率先向这一 IP 有一定受众的客源市场进行推广。对于冬奥会举办城市北京、张家口而言，可借助当前仍有一定热度的奥会吉祥物"冰墩墩"和"雪容融"，将这些 IP 深度植入旅游场景，并基于这些 IP 开展相关旅游产品和活动，策划营销活动。城市也可以在契合城市个性的基础上，设计研发旅游 IP，并配合各种营销活动推广相关的旅游景点、产品和线路。

2. 借助影视娱乐文化推广城市文化旅游资源

利用影视娱乐文化来推广城市文化旅游资源可以快速提升已有景点的热度，并通过丰富目的地形象内容，提升潜在国际游客对城市整体形象的认知和好感。伴随着我国影视剧境外输出能力的不断提升，电视剧《扶摇》登上欧美主流视频网站及多国电视台，引发全球观影热潮。电视剧《天盛长歌》成为 Netflix 最高级别预购的第一部中国古装大剧，被翻译成十几种语言走向全球。某些电视剧的热播甚至直接增加了相关旅游景点的到访量。如电视剧《延禧攻略》在东亚、东南亚等国热播，直接增加了故宫的热度和访客量。除了收获影视剧热播带来的"正外部性"，城市旅游推广部门也可以充分发挥影视剧的营销潜力，主动向在海外热播的影视剧借力，对影视拍摄地进行有针对性的营销推广，研发并推广彰显影视元素的文化旅游产品。

3. 利用文化节事打造城市旅游名片

具有国际影响力的文化节事除了在短期内可以吸引大量游客到访外，还能与城市品牌形象和个性捆绑，作为一张当地的旅游名片，构成对外营销推广的重要内容。英国的爱丁堡市是依托文化节事推广旅游的典型。爱丁堡艺术节是世界上最著名的艺术节之一，每年都会吸引来自世界各地的音乐大师以及数百万国际游客。这一艺术节包揽了国际艺术节、边缘艺术节、军乐队分列式、爵士艺术节、国际电影节和图书展，汇成一个雅俗共赏的全球艺术嘉年华，爱丁堡国际艺术节因此成为爱丁堡城市的象征和标志。

中国传统节庆活动已经形成一定的国际影响力。自 2010 年春节开始，原文化部会同国家相关部委、各地文化团体和驻外机构在海外共同推出"欢乐春节"文化交流活动，使中国的农历春节在全球各国的知名度进一步提升，这一活动也成为推广中国文化的重要窗口。伴随文化和旅游部门重组，"欢乐春节"活动也可被更多地赋予旅游推广的功能。除了用好这一品牌节事活动外，各城市文化和旅游推广部门可进一步梳理已有节事，或者发掘具有潜在国际竞争优势的文化活动，打造新的节事品牌，通过提升城市整体的国际知名度，吸引国际游客到访。

附录
城市国际旅游影响力的评价指标与方法

附录 城市国际旅游影响力的评价指标与方法
Appendix Methodology of international tourism influence index of cities

1. 基于入境游客视角的评价体系

课题组结合已有的研究成果、专家意见和数据可得性情况来构建城市国际旅游影响力评价指标体系,从行前检索、行中规模和行后评价三个维度来评价我国主要城市的国际旅游影响力(见附图1-1)。

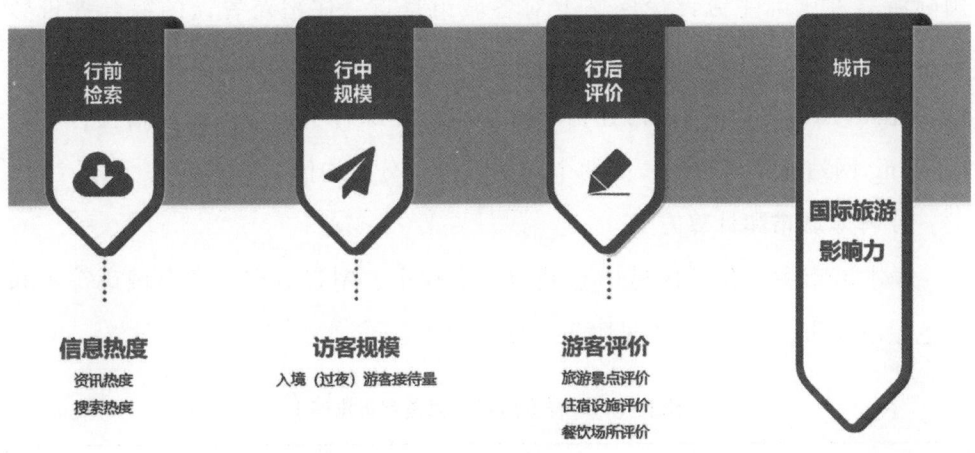

附图1-1 城市国际旅游影响力评价指标体系

"行前检索"维度的信息热度指标由资讯热度和搜索热度来反映。[①] 其中,资讯热度通过谷歌搜索"城市名+旅游"(city name + travel)所获得的信息数量来表示;搜索热度由"城市名+旅游"(city name + travel)在谷歌趋势(Google Trends)中的相对搜索指数来表示。资讯热度直接表明潜在入境游客可获得的城市旅行信息的丰富程度,一定程度上能够反映城市开展旅游宣传推广的积极性。搜索热度为潜在入境游客在某一时期内搜索某一城市旅行信息的频率,间接反映出海外民众赴该市旅行的潜在需求量。资讯热度和检

---

① 资讯热度数据的检索截至时间为2022年10月初;搜索热度数据的时间跨度为过去一年(2021年10月1日—2022年10月1日)。

索热度越高，则某一城市旅游在境外的线上曝光率越高，越被潜在入境游客所熟知，潜在入境旅游需求也更大。

"行中规模"维度的访客规模指标由各城市 2021 年和 2020 年的入境（过夜）游客接待量①来表示，数据来自各城市公布的国民经济和社会发展统计公报以及统计年鉴。访客规模直接反映出某一城市对国际游客的吸引力大小，是一个城市国际旅游影响力最直接、根本的体现。

对于"行后评价"维度的游客评价指标，课题组通过数据爬虫，采用国际游客在国际主流评论网站上对各城市景点、住宿及餐饮的综合评价数据来反映。②评价数据来源于国际游客广泛使用的、全球最大的在线旅游社区 Tripadvisor，其中，城市住宿的评价得分还综合了国际主流住宿预订平台 Booking 网站的评分数据，为两个网站评价得分的均值。③

2. 样本城市和计算方法

样本城市主要包括区域中心城市（直辖市、副省级市、省会城市等）和特色旅游城市，共 58 个（见附表 1-1）。

附表 1-1 样本城市（以首字母排序）

序号	城市	序号	城市	序号	城市
1	北海	6	大同	11	桂林
2	北京	7	福州	12	哈尔滨
3	成都	8	赣州	13	海口
4	承德	9	广州	14	杭州
5	大连	10	贵阳	15	合肥

---

① 对于没有公布 2021 年入境（过夜）游客的城市，采用 2020 年的数据；为综合反映疫后城市入境旅游接待规模，对于公布 2021 年数据的城市，数据采用 2020 年和 2021 年的均值。

② 以每个景点、住宿设施、用餐场所的评论条数分别占城市景点、住宿设施、用餐场所总评论量的比例为权重，乘以每个景点、住宿设施、用餐场所的评分，加权得出游客对每个城市的景点、住宿、餐饮的综合评价分数。

③ 评价数据爬虫的截至时间为 2022 年 10 月初。为纠正较少评论量导致的高评价分数，课题组使用各城市旅游景点、住宿设施及餐饮场所的总评论量对综合评价分数进行修正。

续表

序号	城市	序号	城市	序号	城市
16	呼和浩特	31	三亚	46	西宁
17	黄山	32	厦门	47	湘潭
18	济南	33	汕头	48	烟台
19	九江	34	上海	49	延安
20	昆明	35	深圳	50	延边
21	拉萨	36	沈阳	51	银川
22	兰州	37	石家庄	52	张家界
23	丽江	38	苏州	53	长春
24	洛阳	39	太原	54	长沙
25	南昌	40	天津	55	郑州
26	南京	41	温州	56	重庆
27	南宁	42	乌鲁木齐	57	珠海
28	宁波	43	无锡	58	遵义
29	秦皇岛	44	武汉		
30	青岛	45	西安		

在城市国际旅游影响力的测算过程中，为剔除量纲的影响，采用Z-Score方法将数据进行标准化处理。各城市的国际旅游影响力得分为信息热度、访客规模和旅游评价指标得分的均值。城市国际旅游影响力（INF）的计算公式为：

$$INF=\sum_{i=1}^{3}a_i n_i$$

其中，a_1，a_2，和a_3分别为搜索热度、访客规模和游客评价。n_i为权重，$n_1=n_2=n_3$，且$\sum_{i=1}^{3}n_i=1$。

后　记

　　我国入境旅游市场在过去近三年里持续在低位运行，2022年下半年，伴随入境隔离、签证政策的进一步放宽，加之国际航班的持续恢复，2022年有望成为扭转过去两年下滑趋势的一年。可以说，有序恢复是当前及未来一段时期内我国入境旅游市场的主基调。在全球数字化转型加速的大浪潮下，数字化也正在重塑疫后入境旅游行业生态。除了市场主体的坚守和创新，各级文旅部门促进入境旅游恢复和发展的各项工作没有停摆。国家和地方的"十四五"旅游发展规划进一步明确了入境旅游发展的行动方向和促进策略。

　　报告在延续以往撰写逻辑的基础上，为更好地发挥城市在推动入境旅游目的地建设、入境旅游市场的有序恢复及开展对外旅游推广等方面的重要作用，课题组开展了针对我国主要城市的国际旅游影响力评估。希望对城市旅游目的地建设、管理和对外推广工作有所助益。

　　报告在戴斌同志的指导下完成，课题组成员通力合作，在充分沟通、探讨的基础上完成报告初稿，在唐晓云同志的指导下进行多次讨论修订，完成终稿。课题组除了中国旅游研究院的研究人员和研究助理外，还新增加了上海商学院上海洛桑酒店管理学院副教授席宇斌博士和山东师范大学商学院旅游管理系讲师刘倩倩博士两位课题组成员，他们分别主要负责第一章和第四章的内容撰写。

　　感谢入境旅行服务商对报告的持续支持，他们的参与为报告提供了宝贵的第一手资料。他们是：

中国旅游集团旅行服务有限公司（中旅旅行）

后 记
Postscript

西安卓恒国际旅行社有限责任公司（卓恒国旅）

环球运通（北京）国际旅行社（环球运通）

国华假日（北京）旅行社有限公司（国华假日）

北京神州旅程网络科技有限公司（HiChina Travel）

四川迷碟旅游咨询服务有限公司（Lost Plate）

云游天下（北京）科技有限公司（共享好导游）

北京京骑文化传播有限公司（京骑文化）

课题组

2022 年 10 月 30 日